世界五千年
科技故事丛书

卢嘉锡题

世界五千年科技故事丛书

地质之光

李四光的故事

丛书主编　管成学　赵骥民

编著　李方正

吉林出版集团 | 吉林科学技术出版社

图书在版编目（CIP）数据

地质之光：李四光的故事 / 管成学，赵骥民主编.
-- 长春：吉林科学技术出版社，2012.10（2022.1 重印）
ISBN 978-7-5384-6139-8

Ⅰ.① 地… Ⅱ.① 管… ② 赵… Ⅲ.① 李四光（1889～1971）
－生平事迹－通俗读物 Ⅳ.① K826.14-49

中国版本图书馆CIP数据核字（2012）第156350号

地质之光：李四光的故事

主　　编	管成学　赵骥民
出 版 人	宛　霞
选题策划	张瑛琳
责任编辑	张胜利
封面设计	新华智品
制　　版	长春美印图文设计有限公司
开　　本	640mm×960mm　1 / 16
字　　数	100千字
印　　张	7.5
版　　次	2012年10月第1版
印　　次	2022年1月第4次印刷

出　　版	吉林出版集团 吉林科学技术出版社
发　　行	吉林科学技术出版社
地　　址	长春市净月区福祉大路 5788 号
邮　　编	130118
发行部电话 / 传真	0431-81629529　81629530　81629531 81629532　81629533　81629534
储运部电话	0431-86059116
编辑部电话	0431-81629518
网　　址	www.jlstp.net
印　　刷	北京一鑫印务有限责任公司

书　　号	ISBN 978-7-5384-6139-8
定　　价	33.00元

序　言

十一届全国人大副委员长、中国科学院前院长、两院院士

放眼21世纪，科学技术将以无法想象的速度迅猛发展，知识经济将全面崛起，国际竞争与合作将出现前所未有的激烈和广泛局面。在严峻的挑战面前，中华民族靠什么屹立于世界民族之林？靠人才，靠德、智、体、能、美全面发展的一代新人。今天的中小学生届时将要肩负起民族强盛的历史使命。为此，我们的知识界、出版界都应责无旁贷地多为他们提供丰富的精神养料。现在，一套大型的向广大青少年传播世界科学技术史知识的科普读物《世

界五千年科技故事丛书》出版面世了。

　　由中国科学院自然科学研究所、清华大学科技史暨古文献研究所、中国中医研究院医史文献研究所和温州师范学院、吉林省科普作家协会的同志们共同撰写的这套丛书，以世界五千年科学技术史为经，以各时代杰出的科技精英的科技创新活动作纬，勾画了世界科技发展的生动图景。作者着力于科学性与可读性相结合，思想性与趣味性相结合，历史性与时代性相结合，通过故事来讲述科学发现的真实历史条件和科学工作的艰苦性。本书中介绍了科学家们独立思考、敢于怀疑、勇于创新、百折不挠、求真务实的科学精神和他们在工作生活中宝贵的协作、友爱、宽容的人文精神。使青少年读者从科学家的故事中感受科学大师们的智慧、科学的思维方法和实验方法，受到有益的思想启迪。从有关人类重大科技活动的故事中，引起对人类社会发展重大问题的密切关注，全面地理解科学，树立正确的科学观，在知识经济时代理智地对待科学、对待社会、对待人生。阅读这套丛书是对课本的很好补充，是进行素质教育的理想读物。

　　读史使人明智。在历史的长河中，中华民族曾经创造了灿烂的科技文明，明代以前我国的科技一直处于世界领先地位，产生过张衡、张仲景、祖冲之、僧一行、沈括、郭守敬、李时珍、徐光启、宋应星这样一批具有世界影响的科学家，而在近现代，中国具有世界级影响的科学家并不多，与我们这个有着13亿人口的泱泱大国并不相称，与世界先进科技水平相比较，在总体上我国的科技水平还存在着较大差距。当今世界各国都把科学技术视为推动社会发展的巨大动力，把培养科技创新人才当做提高创新能力的战略方针。我国也不失时机地确立了科技兴国战略，确立了全面实施素质教育，提高全民素质，培养适应21世纪需要的创新人才的战略决策。党的十六大又提出要形成全民学习、终身学习的学习型社会，形成比较完善的科技和文化创新体系。要全面建设小康社会，加快推进社会主义现代化建设，我们需要一代具有创新精神的人才，需要更多更伟大的科学家和工程技术人才。我真诚地希望这套丛书能激发青少年爱祖国、爱科学的热情，树立起献身科技事业的信念，努力拼搏，勇攀高峰，争当新世纪的优秀科技创新人才。

目　录

目 录

地质之光

1964年，第三届全国人民代表大会在北京人民大会堂召开，李四光作为人民代表出席了会议。一天，一位大会服务人员，在代表的座位间穿行着，他在寻找一位科学家。当这位服务人员来到一位身材高大、两鬓斑白、面色白净而又文质彬彬、书生气十足的老人面前，躬身低语地对老人说道：

"请您到北京厅去一下。"

话音刚落，服务员便转身离去了。

当时，这位老人不知道发生了什么事情，他按通知急步来到了北京厅。大厅里空无一人，他便向大厅内的小会客室走去。当他看见这里毛泽东主席独坐在沙发上时，便以为服务员转告有误，认为是自己走错了地方，于是连忙道歉：

"主席，对不起，我走错了门。"说完就转身往回走。

这时毛泽东主席健步迎过来，紧紧握住他的手，并亲切地说：

"没有走错，就是我请你来的。"

两人坐下后，毛泽东主席风趣地说道：

"李老，你的太极拳打得不错啊！"

李老不解其意地回答道："我的身体不好，刚学会一点，打得很不好。"

后来，他从毛泽东主席后边的谈话中，才理解到，毛泽东指的是地质部和石油部在中国大地上找到了石油的事。

毛泽东主席接见的这位老人，不是别人，就是当年中华人民共和国地质部部长、杰出的地质科学家李四光教授。

李四光这个名字，在20世纪的60—70年代，已响彻神州大地。周恩来总理称他是"对社会主义建设作出了很大贡献"，"是有卓越贡献的科学家"。号召全国科技人员向李四光学习。

李四光是地质之光，是科学之光，是中华学子之光。

可是，在这个光辉名字的背后，却隐藏着他青少年时期的辛酸往事，也包含着一个趣味横生的故事。

李四光，原名李仲揆，1889年10月26日出生在湖北省黄冈县的回龙山镇。他的祖父母都是蒙古族，母亲是汉族。祖辈时家境贫寒，祖父早年去世，祖母带着他的父亲（李卓侯）四处乞讨，流落到湖北省黄冈县回龙山镇。从此祖母和父亲二人住在一个破庙里，父亲白天上山打柴，晚上读书习字。当时是科举制度，父亲长大成人后，考中了秀才，在破庙里教私塾，以此糊口，维持生活。

仲揆自幼受到贫穷生活的困扰和压力。当他五六岁时，就上山打柴，一来供家里烧柴用，二来挑到街里去卖，以换回油盐酱醋和补贴家庭的其他费用。从他懂事起，就跟着父亲读《诗经》、古文等。他兄弟姐妹6人，生活上的穷困使全家经受着苦难。当他12岁的时候，母亲用出嫁时的衣服给他改做了一件棉袄，从邻居那里借来路费，让他到武昌报考武昌高等小学。

1902年的冬天，长江江面上漂浮着一只逆流而上的小帆船。仲揆身着蓝布长衫，上罩一件青布对襟马褂，背后拖着一条长长的辫子，瞪着一双乌黑的眼睛，坐在船板上机灵地东张西望。他将乘坐这艘船去武昌报考武昌第二高等小学堂。这是仲揆第一次出远门，第一次看到波涛汹涌与蓝天一色的长江，江面上空与落霞齐飞的水鸟，它们有时随着船尾的浪花低飞、尖叫、盘旋，以及它们搏击江水的壮景。这一切都使他激动不已，满怀凌云的壮志，走出穷乡僻壤，去干一番大事业。

李仲揆来到报名处，买来一张报名单，欣喜若狂地读了报名单上的栏目：姓名、年龄、性别、籍贯、学历等。然后坐下来开始填写表格。由于几天的劳累，加上不平静的心情，填表时竟在姓名栏里写了个"十四"二字。啊！把年龄填到姓名栏了。他顿时毛骨悚然，怎么办呢？重填一张，又没有钱买报名单。于是，他冷静地思索着。好，只有将计就计了。他把"十"字改成李字，于是表格的姓名栏里出现了"李四"字样。然而，他又想到张三李四，觉得太俗气了，又难听，使他难以接受。正踌躇中，他忽然抬起头来，一眼看见了大厅正中挂着的一块横匾，上面刻着"光被四表"4个大字。他的目光不觉停在这4个大字上，凝视了许久。顿时，眼光更凝聚在这个"光"字上。

有了，后面再加上一个"光"字吧！姓名栏里变成了"李四光"3个字。他认为四面都有光明，前途是有希望的，这意思似乎还可以。

从此，虽然朋友们仍称他仲揆，可他的大名就叫李四光了。这就是李四光名字的由来。

李四光报考武昌高等小学堂时，试卷答得很好，名列第一。但当时的社会，是有钱人的社会，成绩优秀不一定被录取。主考先生知道这考取第一名的是个穷孩子，就不打算录取他，幸好，其中有个教师是李四光父亲的学生，他对主考先生说：

"这是我老师李卓侯的儿子，很聪明，读书很用功，还是录取了吧！"

就这样，李四光进入了这所高等小学堂读书。

武昌高等小学堂，是当时湖广总督张之洞办的，目的是为了给朝廷培养富国强兵的人才。张之洞曾经说过：

"中国不贫于财，而贫于材"。张之洞主张"先真材，择时用"。他认为"小学为急材第一"。鉴于此，他规定：在高等小学堂读书的学生，凡成绩优秀的，都可以保送到英国、美国、德国、法国、日本去留学。

在高等小学堂里，李四光学到了许多新的课程：算术、理科、历史、地理、图画、体操等。他像海绵吸水似的，对于这些新知识，都拼命地去学，做到兼收并蓄，融会贯通。

这所高等小学的待遇不错，学费、膳食费都是免费的。此外，还每月发给学生7两银子。然而，学校对学生的要求也是很严格的，每月都要考试一次。每次考上前5名的学生，可官费送到英、美、德、法、日去留学。李四光入校3个月以来，3次考试都是第一名。但是，由于他出身贫穷，学校当局看不起穷人家的孩子，就一直没有送他出国留学。他气愤到了极点，于是离开学校跑了。学校派人把他抓了回来，要他赔偿3个月的学膳费和21两银子的补贴。他质问学校当局：别人考上前5名，都出国留学去了，为什么我连续3个月都考第一名，却不送我去留学呢？然而，学校对李四光提出的质问置之不理。

李四光在武昌第二高等小学堂继续学习，又学了一年，成绩依然高居榜首。学校里有的教师还是爱才的，对李四光的聪明才智早就看在眼里，爱在心上了。他们为李四光的出国留学起到了促进作用。

1904年的春天，李四光被送去日本留学。从此，结束了他的童年生活，开始走向科学之路的第一步。

东渡日本

1904年的春天，由武昌高等小学堂保送，李四光踏上了去日本留学的征程，实现了他离家深造、将来报效祖国的愿望。

要出国留学了，李四光回到家乡向父母辞行。父母告诉他许多求学和做人的道理，他都一一记在心里。告别了家乡父老，随后立即赶到上海同其他18位伙伴会合。为了节省旅费，他们19人乘坐的是货轮，住的是统舱。

当轮船驶出吴淞口，进入东海时，李四光和同学们凭栏远眺。看见这水天一色、波涛起伏的大海，心里有说不出的高兴。湛蓝的海面，是如此辽阔。他想海底是个什么样子呢？海水里面有多少生物？所有这些，使他对海洋产生了无限的感情和眷恋。

轮船越过东海，驶入太平洋，到达横滨，再转乘汽车到达东京。在这里，中国留学生总会湖北分会为迎接这批新学员，早已作了各种安排。李四光等19名同学，初次在异国他乡，受到同胞兄妹的热情接待，使他们的民族感情油然而生。

李四光离开家乡时，乡亲们给他饯行，吃了一些甲鱼类的大荤菜，在船上开始泻肚，到了日本也没有好。医生说他是患痢疾，于是住进了传染病院，一段时间后病情才有所好转，但还是经常复发，日本医生嘱咐他，今后不要吃荤，从此他一生吃素，最多也只吃鸡蛋和鱼类。这就是李四光吃素不吃荤的秘密。

李四光从医院出院后，按留学生监督的指定，先进入日本弘文学院普通科学习。这个学校是日本专为中国留学生开设的一所普通中学。初到日本的留学生，一般都要先在这个学校学习日语、数学、物理、化学等课程。3年毕业后，再进入其他专门学校学习。当时，弘文学院有10多个班，分别是以中国地名来命名的，每个班都有40—50名学生。

在日本，李四光的生活非常简朴，经常用暖水瓶泡熟生大米而成大米粥，用咸菜下饭。这样就不去用食堂吃饭了，把节省下来的钱寄给国内的两个弟弟和两个妹妹上学读书。

1907年，李四光从弘文学院毕业以后，按他的志愿，进入了大阪高等工业学校，学习造船机械。他的愿望是学好了造船专业，回国后就可以制造中国自己的舰船，建立强大的海军，保卫祖国。

当时，能进入高等学校学习是很不容易的事。据资料记载，当时在日本学习的中国留学生很多，仅1906年，湖北留日学生就有1 366人，而进入高等学校学习的只有96人，只占0.7%。其中学法政、高等师范、高等商业者为89人，学实业专科的只有7人。大阪高等工业学校每年仅吸收10名中国留学生。据官方说，1907年，在日本等候进入高等专门学校的学生竟有1 000多人。所以李四光能进入大阪高等工业学校学习，是很不容易的。

大阪高等工业学校，是历史悠久的一所高等学府，创建于1899年，设有机械、应用化学、窑业、酿造、采矿冶金、造船、船用机械、电气等8个专业，学制3年。1907年，李四光考入这所学校时，全校有400多名学生，在船用机械一年级新生19人中，李四光是班上唯一的外国留学生。

大阪高等工业学校很正规，要求严格，课程设置较多。第一学年开有数学、物理学、无机化学、力学、材料强弱论、船用机械、制图、实修（相当于机械加工）、英语等；第二学年增加了冶金学和造船学等；第三学年又增加了电气工学、水力学、工业经济、工场建筑法、簿记等。每周学时39—42小时。李四光虽然底子薄，在国内只读了一年半的新学，到日本的弘文学院，学了3年的普通课程，基础较差。但是，他采取了把精力集中到几门主课上的办法，结果取得了较好的成绩。例如，第一学年，物理成绩为全班第一；第三学年的实修（机械加工）成绩全班第二；英语是全班第四。

值得一提的是，李四光在日本期间，除了求学以外，还对祖国的革命也很关心。他经常去留学生会馆，赴集会，听讲演，在这里他认识了富有民主革命思想的宋教仁、马君武，受到了很多民主革命思想的熏陶，开始走上了革命的道路。当时在日本的中国留学生中，剪不剪掉自己头上的长辫子，成为革命与不革命的标致。那些具有民主思想的人认为，长辫子是民族压迫的象征，是一种耻辱，是长尾奴；而封建思想顽固的人，则生怕丢了辫子，将来见不得人，当不成官。李四光一到东京，就把盘在自己头上的辫子剪掉了，在留日学生中也引起了一定的反响。

在日本留学期间，李四光认识了辛亥革命的领导人孙中山先生。那是1905年8月13日的一天，留日学生、华侨等10 000多人，在东京富士大楼举行欢迎孙中山的盛大集会。当时只有16岁的李四光也参加了，当他听孙中山讲演时，心里不断地叫好，有时兴奋得不停地鼓掌。这年的8月20日，中国革命同盟会在日本正式成立了，李四光也参加了中国革命同盟会。

在一间秘密的小屋子里，孙中山会见了李四光。他看李四光的年龄小，慈爱地摸着他的头笑着说：

"你这样小，也要参加革命？"

"是的，要革命，不要改良！"李四光严肃地回答道。

"那你能为革命做些什么工作呢？"孙中山又问道。

"凡是我能做到的，我一定尽力"。李四光回答。

孙中山满意地点点头，同意接受他为同盟会的会员。

孙中山说：

"你年纪这样小就要革命，很好，有志气。"还送给李四光8个字："努力向学，蔚为国用。"

孙中山亲自领着李四光，左手端着一杯水，右手中指顶着杯底，表示忠诚到底的意思，走进一间小屋子，举行了入会宣誓仪式。就这样，李四光成为孙中山在日本建立同盟会时的第一批会员。

1910年春，在日本留学6年的李四光回国了。回国后，他先是在上海一个兵工厂里任工程师，后来到武昌工业学校任教师。1911年，辛亥革命爆发了，李四光毅然参加了革命队伍。1912年2月，被湖北军政府推为实业部部长。此时，李四光年仅22岁。

李四光看不惯那些由封建豪绅、官僚政客摇身一变而成的革命党人，看不惯那些虚伪面孔，看不惯新上台的资产阶级统治者相互争权夺利。于是，他辞去了实业部部长的职务，要求再次出国留学。临时总统黎元洪，怕青年知识分子造他的反，采取尽量送他们出国留学的政策。再加上1912年蔡元培先生担任南京临时政府的教育部长，正在选拔和培养人才，教育部保送李四光和一批青年到英国留学。于是，李四光又获得湖北省的官费，到英国去留学了。

在英国留学

　　1913年，李四光和同行的其他3位同学坐轮船到达英国伦敦。李四光首先找到一位英国老太太补习了一年英语。第二年，他和好友丁西林考上了伯明翰大学预科，补习数、理、化。由于李四光在日本留学时，只重点学习物理、英语，因而数学基础比较差，所以他决心加强数学的学习。他的同学丁西林看李四光演算题比较困难，出于一片好心，把自己演算的结果给他参考，可是每次都被李四光婉言谢绝了。他坚持独立演算，直到得出正确结论才肯罢休。

　　1914年8月4日，爆发了第一次世界大战，战争对于留英学生是一次严峻的考验。以英、法、俄为一方的协约国和以德、奥、意为另一方的同盟国，为争夺殖民地，重新瓜分世界，展开了大战。此时，英国物价飞涨，日用品短缺，食物紧张。有的中国留学生克服不了这种困难，就申请回国而中断了学习。李四光从小过惯了贫穷生活，觉得这些艰难算不了什么，就坚持下来了。

李四光从预科转到采矿科，学习了一年的采矿。因为他的志趣还不在这里，便同好友丁西林商量专业问题，丁西林问道：

"你想继续学采矿？还是攻读造船？"

"不，我想改学地质，"李四光说。

"学地质？"丁西林惊讶地望着李四光，"中断了学过的专业，岂不可惜？"

"学地质也是为了造船。"李四光坚定地回答。

"咦！当我发现戏剧与物理没有抵触的时候，你却认为造船与地质有联系。这是怎么回事？"丁西林说道。

李四光认真地说："要造船，就得有钢铁；要钢铁，就得靠采矿。我已经学了一年采矿，但我现在认为，光会采矿是不行的。中国虽然地大物博，但是科学落后。如果我们自己不能找矿，将来也不过是给洋人当矿工。"

改学地质，学完后立志回国从事地质工作，以便中国人自己能够开发祖国的宝藏，这是李四光的理论与奋斗目标。所以，当他改学地质以后，学习更加努力。除地质外，还兼学物理系的课程。例如力学、光学、声学、电磁学，而且特别侧重力学的学习，这样就为他创立地质力学奠定了良好的基础。由于他是中途跟物理系学习，学起来很吃力，但他却埋头做作业，复习功课，每天晚上直到深夜。

李四光进入地质系后，由一位地质教授包尔敦老师指导学习，这位教授对中国学生非常热心，李四光很尊重他，并从这位导师那里获得了不少的教益。地质系老师威尔士和李四光来往很密切，李四光常到威尔士老师家做客，有时候还即兴演奏一首小提琴曲，也很得威尔士一家的欣赏。

对于学习，李四光不仅踏实刻苦，而且学得灵活，在实践中学，在实践中用。有一天，他从旧货摊上买来一辆坏的摩托车，自己动手修理。别人感到奇怪，可李四光却认为："学地质不能光读书本。英国是近代地质和古生物学的发源地之一。这里曾经产生过像郝屯、史密斯和莱伊尔等举世闻名的地质科学家。我应该多去参观他们的地质标本展览。这里的地质现象，特别是煤矿蕴藏很丰富，我也想在假日到野外去考察考察。有了这个摩托车，行动方便些。"

假期里，李四光带着简单的行李，骑着摩托车，到郊外煤矿去当"矿工"。他寄住在一位英国矿工的家里，和这位矿工的一家人交上了朋友，后来一直保持着联系。

1917年，李四光在煤矿当了一段"矿工"，又回到学校。正要进行学士学位考试的时候，他的腿上长了一个大脓疮，红肿疼痛，折磨得睡不好，吃不好。为了节约时间和医药费，他把刮胡须的刀片放在开水里消了毒，咬紧牙关，把脓疮和周围的烂肉挖掉了。从此，他的腿上一直留下了一个大疤痕。"手术"后，他忍着疼痛，就去参加考试，结果获得了学士学位。

1919年，李四光考取了地质学硕士学位，以优秀的成绩结束了在英国的学习。他的导师包尔敦教授，劝他留在英国再深造几年，等获得博士学位后再回国。那时，中国刚发生伟大的"五四运动"，国内的革命热潮吸引着他，他决定立刻离开英国，先到法国和德国的一些矿井去进行考察，再去阿尔卑斯山看看地质情况，考察那里的现代冰川和古代冰川遗迹，然后回国。

1919年秋末，他在德国即将回国的时候，收到伯明翰大学的老师包尔敦来电，电文说一位印度朋友聘请他去印度的一个矿山当工程师，待遇从优。他知道去印度、薪水高，待遇好，可以帮助年迈的父母提高生活水平，可以帮助上学的弟弟和妹妹交书费和学费。但同时又收到北京大学校长蔡元培先生的一封信，特聘他去北京大学担任地质系教授。

　　是去印度，领取高薪，还是回祖国，到北京大学教书？何去何从，在李四光脑海里似乎不需要再思索了。他一贯认为：我是中国人，应该为自己的祖国服务。于是，他放下从印度拍来的电报，兴奋地举起从祖国蔡元培先生处发来的这封信，大声宣布："回国去！"

　　李四光接受了北京大学蔡元培的聘请，回祖国北京大学当教授。他决定立即启程回国。在回国途中，他为了了解十月革命后苏联的情况，取道彼得堡、莫斯科，坐火车经过西伯利亚，于1919年底回到了祖国。

北大轶事

　　1920年春天，李四光受北京大学校长蔡元培先生的聘请，到北大地质系任教授，他上任的第一天，蔡元培校长和几位教授，在理学院办公室迎接他。这是一位刚过30岁的人，身穿一件旧的蓝色西服，身材高大，举止文雅，大大的眼睛炯炯有神，高高的鼻梁和梳得很规整的头发，显得胸有成竹和一丝不苟。但是，在蔡校长和同事们看来，已经小有名气的李先生，却穿得太随便了。

　　李四光在北大地质系期间，先主讲岩石学，后来任北大地质系主任。有一次，国民党政府的外交部打电话给北大理工学院（即二院）说：有一位英国学者要来参观理工学院，希望派一位知名度高的教授，解释理工学院各系的情况。通知转到李四光这里，他决定自己出面向英国学者作介绍。由于李四光留学期间，在国外屡见洋人看不起中国人的事件，在他心里仍然燃烧着民族自尊、自信之火。所以，他完全用中文来讲解。其实，李四光的英语、日语、法语、德语都很好。甚至他的著作，即在伦敦出版的《中国地质学》的书稿也是用英文写成的。现在书架上的中文版，还是新中国成立后根据英文版本翻译过来的。

那位英国学者看见李四光穿的是一身旧西装，不像是个教授，就用大为不满的口气对翻译说道：

"我要一个教授陪我，最好直接用英语说话。"

翻译转过身来对李四光说："是不是我们明天再来？可是要请一位能说英语的教授来陪。"

李四光回答说："明天也是我。"

后来，那位英国学者知道李四光就是教授，而且是系主任，他不得不当场表示抱歉。

李四光的课堂教学也很认真，同样充满了民族情感。有一位学生口称李先生为Mr.Li，李四光听了很不高兴，生气地说：

"你叫我狗也好，猫也好，不要叫我米斯脱李了。"

可见李四光在那个半殖民地时代，是十分痛恶这些风气的。那时北京大学葛利普讲"地球与生物之进化"，请李先生翻译，却被他拒绝了，这也是李先生民族自尊思想的一种表现。

李四光在生活上是很简朴的，往常穿的是一件蓝色的，其实是已褪色的旧西服。很多教授上下班都是坐人力包车，而他却常骑自行车，甚至裤子破了，也照样穿，而且很不在乎，好像不知道裤子破了似的。所以，学生们背着他风趣地叫他"破裤子先生"。就连看大门的老王头也说：这位李先生真特别，一条西装裤子都穿破了，也不换条新的，怪不得学生们背后称他"破裤子先生"呢！

李四光的爱情和婚姻，也显示出浪漫的色彩。那是1920年，我国一些地区发生了严重自然灾害，很多学生和教授自动救灾募捐，举办义务演出。李四光的节目是小提琴独奏，可是没有人伴奏。经朋友介绍，把参加钢琴演奏的北京女师大附中的音乐教师许淑彬请来，作钢琴伴奏。在台上他们二人配合非常默契，小提琴拉得旋律优美，手法娴熟，娓娓动听；钢琴伴奏十分得体，主宾鲜明，把小提琴烘托得恰到好处。场下一片掌声，演出成功了。

成功的演出，也正是他们初恋的开始。李四光每个星期写一封信给许淑彬，内容主要是把他带领学生做野外工作的情况，写成几首诗寄给许女士。这些诗，许淑彬一直保存着，直到抗日战争中才不幸流失了。

以琴声为媒介的李四光和许淑彬女士，1923年1月14日结婚了。

李四光同许淑彬的婚礼是由北大校长蔡元培先生主持的。婚礼在一间租来的小房子里举行，仪式很简单，只有一些熟识的朋友参加，大家一起吃了一顿便饭，就算了事。在当时的知识界，只举行这么简单的婚礼实属少见。因为李四光的父亲和许淑彬的母亲在他们结婚前后相继离世，给他们带来了太多的悲痛。

李四光对于小提琴是很有感情的，他在英国留学时就很喜欢拉小提琴，回国后也经常练习，这是他一天劳累后最好的休息，据1996年1月15日《少年文史报》披露，我国第一首小提琴曲作者，竟是这位地质学家李四光先生。文载：

"近年经过考证，发现中国第一首小提琴曲的作曲者是李仲揆，即是我国著名的地质学家李四光（1889—1971）。他1920年在巴黎写过一首名为《行路难》的小提琴独奏曲。现在这首乐曲的五线谱手稿藏于上海音乐学院图书馆，是该学院中国现代音乐史教授陈聆群发现的。"

1990年3月，陈聆群教授为编纂出版我国音乐教育家萧友梅文集，专程到北京去探望萧友梅的侄女萧淑娴。萧淑娴告诉他：李四光曾作过一曲，交给了萧友梅。萧淑娴叮嘱陈教授："可在二叔（即萧友梅）的遗物中找。"陈教授回沪后，在一包学生的文稿中发现了这一遗物。五线谱眉端工工整整地写着曲名《行路难》（1920年作于巴黎）作者是仲揆。

"上海音乐学院作曲系教授陈钢，曾捧着《行路难》原稿仔细研究，发现全曲有头有尾，层次清晰，中间还有转调。陈钢教授认为最可贵的是乐曲立意深邃。为什么地质学家李四光会写出中国第一首小提琴曲呢？据有关资料记载，李四光少年时就喜欢音乐，小提琴拉得不错。"

李四光同许淑彬结婚后，于同年10月31日喜得一千金，取名熙芝，大名李林。李四光很喜欢女儿李林，他常常把李林抱在怀里，在一块板子上面铺着稿纸，写文章，做到两不耽误。

蜓科揭秘

　　从1921年到1926年，李四光在北京大学地质系，除教学以外，主要就是研究一种叫做"蜓科"的化石，经过数年的研究，于1927年出版了《中国北部之蜓科》一书，并于同年获得英国伯明翰大学授予的科学博士学位。他在蜓科化石的研究方面，作出了杰出的贡献，享有崇高的国际声誉。

　　蜓科动物，最初出现于中石炭纪（距今约300百万年以前）之初，到二叠纪（距今290百万年以前）为全盛时期，到古生代末（距今230百万年以前）灭亡。它形体很小，最小的体长不过2毫米，大者体长不过5毫米。形象地说，它只有一颗米粒至黄豆粒那么大，形状很像纺纱用的纺锤，因此日本人称纺锤虫。这种微体古生物出现的时间短促，但地理分布很广泛，所以成为划分地质年代的标准化石。

怎样利用䗴科化石来划分地质年代呢？例如，某个地层的石灰岩中，发现了体态很小、只有1毫米大的、而且内部构造又很简单的䗴科化石，就可把含这种化石的地层划分为较老的石炭纪（距今300百万年以前），如果发现某地层的岩石中，含有形体较大，而内部构造又比较复杂的䗴科化石，就可把含这种化石的地层划分为较新的二叠纪（距今270百万—230百万年以前）。

李四光研究䗴科化石的动机，是想弄清楚中国煤矿资源的分布情况。而地质史上最重要的成煤时期是在距今230百万—300百万年以前的石炭二叠纪。当时国内外地学界，对这一段含煤地层的时代问题，一直争论不休。䗴是代表这个时代的一种标准化石。所以，当他发现研究䗴科化石的意义之后，就抓住不放，夜以继日地研究它。

在我国古代，人们称纺纱用的纺锤为筳。因此，李四光就把这种筳状的微体古生物叫做"䗴"。是他在"筳"字旁边加了一个"虫"字，意思是筳状之虫。"䗴"字是李四光所创。

蜓科化石形体微小，用肉眼观察时，只能粗略地看出橄榄形的外壳，要弄清它的内部构造，只有把它放在岩石切片机上横切或竖切，然后再放在金刚沙盘上磨成0.03毫米厚，磨好后放在显微镜下放大，才能看清楚。

在蜓科化石薄片制作室里，磨薄片的工人师傅是李四光的好助手，磨片工用金刚石切刀将蜓科化石切成薄片，再放到细金刚砂磨盘上，精心研磨。当磨到一定程度时，李四光又成了工人师傅的助手，他一会儿放在显微镜下看一看，不够薄，又再磨一磨，最后磨成一张纸那么薄时，光线就可以透射过薄片了。这时蜓的内部构造才显得清晰了。然后才能作进一步的研究。

一个夏天的晚上，李四光和工人师傅磨制蜓科化石薄片到深夜。天气闷热，汗如雨下。他们两手是泥，满脸也是泥。他们自带冷馒头，肚子饿了就啃上几口，一直到干完为止。李夫人许淑彬在家已经等急了，她不放心，不知出了什么事，一股抱怨情绪油然而生。午夜时分，李四光骑车回家来了，他脸上白一道黑一道的，沾满了泥浆。李夫人知道这是磨片的痕迹，知道他已劳累一天了，又忍不住好笑而心疼起来。

在漫长的研究日子里，他研究了大量的蜓科化石薄片。在显微镜下，他看到了蜓的各种各样的内部构造。它们虽然都是大大小小的蜂窝状的小格子，但排列的疏密不一样，隔挡的长短不同，形式也都不一样。根据这些特征，从而鉴别出它们不同的种属，判断出进化的阶段，分出较低级与较高级阶段的蜓科，由此再进一步推断出含不同种属蜓科化石的时代，划分出石炭纪和二叠纪地层，寻找石炭纪含煤地层的分布规律。

由于李四光的潜心研究和科学论证，解决了我国北部含煤地区石炭纪地层的划分问题，也解决了北美石炭纪地层的划分问题，在国内外产生了巨大的影响。

在研究的基础上，李四光写出了《中国北部之蜓科》论文。他把这篇论文送往英国包尔敦老师处，请他修改指正。包尔敦老师读完后，连声赞好，认为有创见。于是，推荐到伯明翰大学，建议授予李四光博士学位。学校召集专家教授们开会审查了这篇论文，结论是很有价值，决定授予博士学位。当时李四光在国内工作，不能前去领取文凭，如果请人代领博士文凭，得花18英镑，买一套博士服和帽子穿戴上才行。李四光认为：文凭这玩意儿我不要，我做研究工作不是为了名。还是李夫人汇去了18英镑的外汇，请人代领了这个文凭，后来寄到中国来的。

李四光在研究䗴科化石时，特别是利用䗴科化石对地层进行划分，与国外标准地层对比时，他发现在距今300百万—230百万年以前的石炭二叠纪时期，中国的北方和南方的古地理环境不一样。此时的华北地区，以陆地环境为主，当时的沉积物主要是河流、湖泊形成的，其中海洋环境所占比例很少；而在华南地区，则以海洋环境为主，越往南方，海洋沉积物越厚。这个现象说明，在石炭二叠纪时期，中国的南方是海洋环境，而中国的北方都是陆地环境。也就是说，从当时中国的地势来说，是北高南低，北方在海平面以上，而南方却是被海水淹没的环境。

为什么会形成南方和北方地势上的明显差异呢？为了揭开南北差异这个奥秘，李四光查阅了大量的内外地质文献，了解世界上其他地区当时的古地理环境，并把各地当时的地理环境拿来同中国的南北方进行对比，结果，他终于得到了新的认识。

过去，地质学家认为，大陆上海水面的上升或下降运动，是具有全球性的。而李四光研究认为，大陆上海水面的上升或下降，不能完全归结于这种全球运动，可能还有一种运动，这就是海水从赤道向两极方向的运动，或者是海水从两极向赤道方向的运动。

李四光设想，海水发生这种具有方向性的运动，是由于地球的自转速度的变化产生的。如果在漫长的地质年代里，地球自转速度由快变慢，那么赤道及其附近的海水就会向两极方向运动；如果，地球自转速度由慢变快，两极的海水则会向赤道方向运动。

现代科学证明：地球自转速度的变化，在漫长的地质历史上，曾多次发生。例如，近2000年来，地球自转累计减慢2小时左右。地球自转速度的变化比较复杂，经过长期研究，有以下几种情况。

3—5年的周期变化：研究发现，地球自转速度在3—5年内有突然减慢的变化。每当发生这种变化时，地球上的固体、液体和气体就像刹车一样，因惯性作用而向前冲。从而使约占地球2/3的海洋中的海水，呈由西向东运动和由赤道向两极方向运动的态势，使赤道及附近地区发生海退，而两极地区则产生海侵现象。

60年的周期性变化：近一个世纪以来，地球自转速度发生着以60年为周期的变化。据统计，20世纪初，地球自转最慢，30—40年代，自转速度加快；60年代后期至70年代初期，自转速度又减慢；80—90年代，自转速度又加快，按这个规律推测，21世纪初期，地球自转速度又将变慢。

李四光在20世纪20年代就提出了"大陆车阀"自动控制地球自转速度的理论。地球上的物质就像前进着的车上的人一样，当车骤然减速时，由于惯性作用而向前冲；当车骤然加速时，车上的人则向后仰，无论减速或是加速，都会产生"前拥后挤"的作用。

这些研究，不仅解答了从蜓科化石的分布所引起的古地理环境问题，而实际上这正是李四光创建地质力学的开始。

20世纪初期，许多地质学家对地壳运动的起源看法是，以垂直运动为主，局部的水平运动是由于垂直运动所引起的。他们认为，由于地球逐渐失热或其他原因而发生收缩，好像是一个"干缩的苹果"，以致海洋部分显著下沉。另一派主张地壳运动以水平运动为主。

当时，在这两派中，地壳的垂直运动居于正统地位，后一派属于新起的学说。李四光在1926年5月3日的中国地质学会第四次年会上，作了《地球表面形象变迁之主因》的演讲，他批评了传统学派，同时给新学派以很高的评价，称它是"革命性理论"，"是不可忽视的宝贵财富"。

创立地质力学

1926年，中国地质学会在北京开会。李四光在会上宣读了他的《地球表面形象变迁的主因》的论文。会议大厅里地质学家济济一堂，在北大教书的美国地质构造学权威维理士也聚精会神地聆听李四光的演讲。

《地球表面形象变迁的主因》，可以说是李四光的地质力学的第一篇萌芽文章。他以中国晚古生代（距今400百万—230百万年）以后，大陆上海水进退的情况，来论证地壳运动的规律。以北半球来说，南方海水淹没（海侵），北方就出现陆地（海退），海水由两极涌向赤道；再经过若干时候，北方海侵，南方则出现海退，海水又由赤道涌向两极。地球表面的海水，就是这样不断反复出现具有方向性的运动。推而广之，地球表面的固体物质——岩石，也像海水一样，可以做水平运动。

奥地利有一位名叫苏士的地质学家，他认为地球表面的海水运动，是具有全球性的，要升都升，要降都降。李四光第一个批判了这种传统地质学观点，提出海水不但有垂直运动，而且还有水平运动。产生水平运动的原因，主要由于地球自转速度的变化。

地壳运动，同样受地球自转速度快慢变化的影响，当地球自转速度越来越快的时候，离心力的水平分力，就必然推动着地壳上的岩石向赤道方向移动；而当地球自转速度减慢的时候，离心力减小，赤道附近的岩石则向两极方向移动。这样就造成了地壳上的岩石产生褶皱（即连续弯弯曲曲的形态）或断裂等现象。

李四光竭力阐明引起地球表面形象变迁的主因，是地球自转速度的快、慢变化。

这是一个崭新的理论，当然有的人接受不了。美国地质构造权威维理士就是其中的一个。当他听完论文后，气呼呼地站起来说道：

"很遗憾，在中国这个地方，居然会有人谈论这样的大问题，这些理论根本没有什么意义。请问李先生，你在哪个国家留学，你的导师是谁？"

李四光冷静地看了维理士一眼，笑而不答。心想：学术讨论就是学术讨论，有理走遍天下，与在哪国留学，导师是谁有什么关系。

维理士的地质构造观点也是传统的，他认为：由于太平洋底的陷落，它的边缘便朝着大陆挤压，这样形成了环太洋的美洲山脉。这种学说称为"大洋造山说"，是地壳的垂直运动引起的。李四光则认为：亚洲各种构造式形成的山脉，与美国西海岸的环太平洋美洲山脉不一样，东亚的山脉不仅分布在环太平洋边缘，还分布在大陆内部，而且山脉的延伸不与大陆边缘平行。例如，阴山—天山，秦岭—昆仑，南岭等山脉，怎么能用太平洋底陷落理论来说明它们的形成呢？而真正的原因是大陆本身的运动。

1926年，李四光作为北京大学的代表，到莫斯科参加地质科学会议。他坐在火车上，看到东西蜿蜒的乌拉尔山脉，引起了他特殊的兴趣。当他打开地图与实际山脉对照时，发现这座巨大的乌拉尔山脉是东西延伸，并且中段向南突出，是个一弯三折的大弧形构造，在弧形的北边，有一条南北方向的山脉存在。从地图上看，俨然一个"山"

字形，这是李四光认识山字形构造的开始。

　　1927年，蔡元培先生任中央研究院院长时，他聘请李四光到上海担任中央研究院地质所所长。1928年，李四光带领一个地质调查组到南京、镇江作地质调查，他们发现了镇江的宁镇山脉是一个"山字形构造"。同一年，他们又在广西发现一个很大的"山字形构造"。从此，李四光在地质力学构造体系中建立了山字形构造类型。除此以外，他们还发现了"多字形构造"、"歹字形构造"、"S型"和"反S型"旋转构造，还有巨形的东西向（纬向）构造、呈北偏东向的构造带，李四光称为华夏构造带。根据实际资料，李四光建立了地质力学构造体系。

　　在20世纪30—40年代初期，李四光对构造体系进行了大量的工作，寻找各类构造型式的独特本质，建立科学的概念。为达到上述目的，李四光带领他的弟子们到野外进行实地考察，取得了大量的第一手资料，为地质力学的创立和完善奠定了坚实而雄厚的基础。

　　1945年，李四光到重庆后，每天上午去重庆大学讲课，下午到地质所工作。后来他发表的《地质力学的基础与方法》一书，就是他根据当时的讲稿整理编写而成的。

　　在重庆期间，李四光身体健康状况不佳，患有肺结核、肠胃病，加上过于劳累，有一次曾晕倒在去重庆大学的路上，医生诊断是心绞痛，要他休息，不能工作，不能抽烟。从这时起，他与烟绝缘了。病好转以后，他们一家人搬到北碚北温泉去住了。这时他一边休养，一边带领地质所的研究人员，在附近做地质调查工作。在北温泉附近，他发现了第一个小型的帚状构造。

在李四光的倡导下，于1956年设立了地质部地质力学研究室。1960年又将地质力学研究室改名为地质力学研究所。在所里，李四光亲自布置与指导野外工作。对实验室的建立和研究，他非常重视，亲自指导建立了泥巴模拟实验室、X射线衍射及岩矿鉴定实验室，同位素年龄测定实验室、岩石力学实验室等，并且还经常到实验室指导和亲自参加实验。

1961年，李四光开始写《地质力学概论》，这年的夏天，因感冒住进医院，病好后到青岛疗养。这次疗养，实际上是集中时间写完《地质力学概论》。这是一本全面总结，有很高理论水平和丰富实际资料的代表性著作，它包含了李四光几十年来的地质力学研究成果。1961年11月，这本书稿送到北京付印。但在稿子送走的第二天，李四光的心脏病就复发了，而且很严重。

发现冰川

　　根据科学家们研究，在距今200万—300万年（第四纪）的时候，全球气候寒冷，气温在0℃以下，到处是冰雪覆盖。长时期积聚的冰雪形成冰川（冰河），在冰川缓慢地向下流动时，冲击着冰床下面的岩石，于是岩石上留下了冰川流动的擦痕，有的地方甚至还把岩石磨成了砾石。冰川流动时，一路上都会留下它运动的踪迹。后人根据冰川流动形成的这些遗迹，来确定哪里有冰川分布。

　　中国在200万—300万年（第四纪）时代，有没有冰川呢？凡是来过中国的地质学家、地理学家都很关心这个问题，像著名的地质学家李希霍分、德日进等，都调查过中国的冰川。他们说在第四纪这个全世界大冰期时代，中国没有冰川。在20世纪的20—30年代，由于中国的科学比较落后，认真考察和研究过冰川的人不多，很多人只停留在人云亦云的状态。

1921年，李四光在太行山东麓，大同盆地一带作地质考察。他发现了冰川流动的遗迹，例如冰川地形地貌、冰川漂砾（砾石）、羊背石（一面被冰川磨得很平，一面凸起，很像绵羊的脊背）、马鞍石（形似马鞍状的砾石）等。这些大石头分布在远离大山的平地上，每块砾石上都有一个或两个磨光面。有一块半掩在地里的大石块的平面上，有3组清晰的条痕，这些现象充分说明中国在第四纪大冰期发生过冰川活动。

李四光除在野外认真地作研究外，还采集到带有冰川擦痕的漂砾，并带回室内作标本。当时他带回来一块很大的砾石，上面保留着的冰川流动的摩擦痕迹清晰可见，他把这块石头放在家里，拍了照片，就珍藏起来了。

李四光热爱那些特征明显的奇异石头，已达到如醉如痴的程度，为此曾发生过许多有趣的故事。有一次，地质所一位同志在第四纪冰川沉积物中，找到一块长不足37厘米，弯曲成90°的砾石，凹的那面带有皱纹，凸的那面很光滑。这位同志知道李四光爱石如宝，对那些怪异的石头非常喜欢，就赠送给他了。李四光如获至宝，爱不释手，还给它制作了一个小木盒，里面垫上棉花，把它保护起来，怕被磨坏了。他还为这块石头拍了照片，写了文章，标题为《一个弯曲的砾石》，发表在英国的《自然》杂志上。李四光给这种石头起了一个名字，叫马鞍石、后来又在别的冰川沉积物中找到了这种马鞍石，灯盏石等。研究马鞍石的弯曲变形，可以了解岩石的弹塑性变形。

就是这块马鞍石，也有过一段引人捧腹的故事哩！一次，李四光接受广西大学的邀请，到学校作艺术报告，他把这块马鞍石也带去了。为了说明报告中的一些学术观点，他从口袋里掏出小盒子把马鞍石给与会者参观，并且兴致勃勃地说：

"我搞了这么多年地质，还没有见过这么好的石头。它比宝石还要宝贵得多。"

报告结束后，李四光等待人们把这块宝贝石头送回来。可是终不见踪影。不知是哪位爱石如痴的人反将它收归己有了，李四光非常焦急。

会后，广西大学贴出了一个告示，说明小石头虽然具有重大学术意义，但并没有什么经济价值，千万不要丢掉，拿者可以放到某处，以使物归原主。过了两天，"小偷"按告示规定的地点，把这块小石头送回来了。后来，这块石头始终保留在李四光的身边。

这些奇异的砾石，都是在特定的条件下形成的，可以说明一定的生成环境和科学道理。对于这种石头，多数科学家都以实事求是的态度相待，但是也有少数人是不尊重事实的：例如，李四光把条痕石等冰川砾石，从野外带回北京后，特意摆到农商部顾问、瑞典地质学"权威"安迪生面前，请他鉴定。而安迪生却翘着鹰钩鼻子，不屑一顾地把标本扔到一边，轻蔑地说：

"李希霍芬是德国有名的地质专家，在中国做了30多年考察，都没有发现冰川……"。

李四光十分生气地指着他从太行山背回来的条痕石说："请你看看，条痕石上这又深又长的条痕吧！"

安迪生冷笑道："我国没有发现的东西，你们中国人永远也不会发现！"

李四光已经怒发冲冠了。忽然从座椅上站了起来，搬起那块石头就走了。从此，他下决心要搞清中国第四纪冰川，为中国人争口气。为了用事实来回答安迪生这样的人，他把这几次的发现写成《华北晚近冰川作用的遗迹》

论文，于1922年在伦敦发表。此后他和学生们又考察了祖国许多地方的冰川遗迹。

20世纪30年代初期，李四光对庐山、黄山、天目山等地又深入地进行了冰川调查，还赴欧洲阿尔卑斯山考察现代冰川，并且进行了对比，确立了以庐山为代表的中国第四纪冰期，间冰期（两冰期之间的暖和时期），和各类冰川的证据，为中国第四纪冰川学的研究和发展奠定了坚实的基础。

1934年的春天，北京大学地质系的一位系主任，花了两万元巨款，邀请在中国的外国地质专家去庐山与李四光辩论，想压倒李四光。一同到庐山的外国地质学家有瑞典的安迪生、美国的古人类学家步达生、法国古生物学家德日进、美国古气候学家巴尔博、瑞士的诺林以及法国的特茵哈兰等。而李四光只带了许杰、俞建章等几位年轻学生。他们以主人姿态，带领这些外国学者登上庐山之巅，鸟瞰这"横看成岭侧成峰"的庐山群峰。

在山顶上，李四光指着大月山东北角的大坳，让大家观看。这里群峰环绕的一个山坳，直径约有0.5千米左右，形如三方圈闭，一方开口的圈椅或漏斗。那封闭的3个方向是悬崖陡壁，这开口的一方下面也是悬崖，崖下堆积许多巨石，形成倒石堆，李四光介绍说：

"请看，这是多么完整的一个冰斗！"

瑞典学者安迪生发言了，他说：

"如果是冰川，后壁就应该是峻峭的，现在所见，后壁崩塌，只可能是流水凿成的大坳！"

李四光反驳说："刚形成的冰斗，后壁的确是陡峭的，但这个冰斗已形成上百万年了，由于风化作用，岩石崩塌脱落，造成了现在这个景观，难道连这一点都看不出来吗？如果是流水造成的，那么山坳里根本没有流水流出来的，这又如何解释呢？"

安迪生被驳斥得无言可答。然后李四光又带领他们观看小天池下面的U形谷，这是冰川流动时铲削成的U形谷。最后到庐山脚下，观看为数甚多的、特征也很明显的冰碛物，如冰丘（冰川带来的物质杂乱堆积形成的小丘）、泥砾（冰川带来的泥土和带有擦痕的砾石）。

不过，也有一些外国学者在无可辩驳的事实面前，承认了李四光的观点：中国是有冰川存在的。瑞士学者诺林，在鄱阳湖畔看石灰岩表面上的条痕时，就承认这是冰川造成的遗迹；美国学者葛利普认为所见那些冰川地形、冰种沉积物，都是李四光的伟大发现。

1936年，李四光在安徽黄山又发现了无法否认的冰川遗迹。当时由国际联盟派到中国来的费斯孟教授，曾两次到黄山察看，安迪生又一次从瑞典来中国时，拜读了李四光关于冰川的资料。后来这二人回国后分别发表文章，都说在中国看到了冰川现象，这是外国学者第一次公认中国存在第四纪冰川。

1937年，李四光完成了《冰期之庐山》的科学论著，这一著述对中国第四纪冰川研究具有划时代的意义，特别是推进了中国第四纪冰川的研究。

李四光是中国第四纪冰川学的奠基人。他的一系列著名的科学论断，促进了中国第四纪冰川研究工作的蓬勃发展。近年来，许多学者在秦岭、太行山东麓、北京西山、湖北的神农架、江西庐山、安徽黄山、浙江天目山，还有川西、滇东，以至南岭海洋山和桂林盆地等，都有第四纪冰川遗迹的发现和报道。

根据对第四纪大冰期的研究证明，冰川气候环境对人类的进化、生物的演化海水进退规律以及自然环境演变等，都产生了重要而深刻的影响。研究第四纪冰川，对于找矿、找水、工程地质、水文地质、环境资源的开发利用和保护，以及气候预测等方面都具有重大的意义。

在英国讲学

1934年，英国的剑桥大学、伯明翰大学等8所高等学府，邀请李四光讲学。同年年底，他带着夫人和女儿，乘船前往英国的伯明翰大学，开始了异国他乡的教学生涯。

到了英国，他们一家在伦敦租了两间房子。最初，李四光继续写讲稿，妻子到英国皇家音乐学院进行作曲。待写完讲稿后，就到剑桥、伯明翰等8所大学去讲课，这种生活大约有半年时间。

这天，李四光在伯明翰大学讲《中国地质学》，英国学术界和教育界的人士也闻讯前来，把一个大教室挤得满满的，不仅座无虚席，就连走廊里也站满了听讲的人。一个中国人用流利而标准的英语讲课，而且讲的是自己的著作，全新的观点，引起了广大英国人的兴趣和叹服。

他在《中国地质学》中开头写道："在讨论地质问题之前，必须一述中国地理的梗概。""由现在的地势来讲，中国拥有东亚大部分陆地，作半圆状，围绕着伟大的西藏高原，即所谓'世界屋顶'，它好像楼梯，向着太平洋海岸一级比一级低。"接着详细论述了西藏高原在地质和地理学上的重要意义。讲稿也是从西藏展开的。

讲课均以《中国地质学》为内容，其中绝大部分内容是李四光新的研究成果。例如古生代（600百万—230百万年）时期，中国南方的海侵（海水淹没），北方海退（大陆环境）的现象；中国第四纪（200百万—300百万年）时期的冰川遗迹；中国大陆上的地壳构造体系（例如东西向褶皱带、北东方向的构造称为华夏构造、山字形构造、歹字形构造、多字形构造等旋卷构造体系等）；最后是他对构造体系的成因讨论。在李四光看来，造成地壳运动变迁的主要原因，是由于地球自转的速度，在漫长的地质年代中，发生了时快时慢的变化。

因为李四光讲课中的观点新颖，与传统地质学观点不一样，所以他的报告引起了强烈的反响。课后，许多人围着李四光，有人请教，有人提出反对意见，而李四光则是一一解答，或是一一反驳，外国学者见了都很佩服。

在讲课期间，李四光同英国地质学界的新老朋友广泛接触，讨论了许多学术问题。他接受了伯明翰大学威尔士教授邀请，参加一次地质旅行，在威尔士的实验室和机械系制作了一个铅质空心的球体，上面涂一层薄蜡，用来作地球自转速度变化引起地壳运动的实验。这个球现今还保存在地质力学研究所模拟实验室。

半年过去了，8所大学的讲课也结束了，空下来李四光想按出版要求，把讲稿整理成书稿，准备出版。

这是一本讲中国地质的书，他没有引用一篇外国人的著作，一张外国人的画图，一个外国地质实例，一种外国人的论点。他不像以往别人那样，即使是中国人同外国人合作的成果，也必须把外国人写在前面，把中国人写在后面。而他却尊重事实，不褒不贬，不卑不亢。例如引用老一辈地质学家谭锡畴和法国知名地质学家德日进，共同调查的兴安岭南部地质素描图时，他就把德日进的名字放在谭锡畴的后面，因为工作主要是谭锡畴做的。

由于当时英国给的讲学费比较低，只够一个人半年的用费，所以李四光一家必须省吃俭用，租最便宜的房子住。为了住廉价房屋，他们曾经3次搬迁。第一次，在伦敦住的两间房子；第二次，搬到汉姆斯特区。这里是贫民区，但是绿化很好，环境幽静，绿油油的草地，一簇簇的灌木丛，他们都很喜欢这个地方。第三次搬家，完全是因为交不起房租，出于无奈，李四光去找当时驻英国的大使郭泰祺。在这里又住了半年，全家于1936年春启程回国。

1936年初，李四光在离开伦敦以前，把书稿的修改、画图定稿等工作全部做好了。临行时，把出版、校样等工作委托一位英国朋友来办理。这本书起名为《中国地质学》，于1939年在伦敦正式出版。

李四光著的《中国地质学》出版以后，在英国地学界议论纷纷，评者蜂起。英国的一些地质学家认为，书中没有谈到中国的矿产分布，是一个最大的缺点；在美国的科学杂志上，有人发表文章指责说：没有把外国地质工作者在中国做的工作写进去，因此说，李四光是一个民族主义者，埋没了外国人在中国的成就。同时也有人批评，书中没有按照外国人的理论，没有按照传统地质学的观点来讨论问题等。

其实，李四光著《中国地质学》的指导思想是很明确的，要讲自己的观点，要宣传新观点，批判某些传统的陈旧的地质理论，就是不因袭外国人的理论。书中所引用的地质现象，某些地质结论，多数都是中国人发现的。所有这些，都应该说是李四光的不朽成就。

英国皇家学会会员，国际著名的科学史专家李约瑟，在他的《中国科学技术史》第一卷总论、第一分册中指出："很幸运，在这一方面，最卓越的地质学家之一李四光为我们提供了第一部内容丰富的地学著作——《中国地质学》。"

离开英国以后，李四光一家取道美国回国。当他们到达纽约时，美国地质学家，还有李四光在美国留学的学生朱森和吴半农，都来欢迎。当船快靠岸的时候，朱森兴奋得"像一个小孩看见久别的大人一样"（见吴半农在1942年写的《悼念朱森先生》一文）。李四光在纽约待了4天，朱森差不多寸步不离地陪伴着他，吴半农感动不已。

从美国东部坐火车到西部，每到一处只要地质现象好，他都要细心考察。晚上由于没有旅馆，只能住在乡村的板房里或车站附近护路工人的木屋里。这可苦了夫人和女儿，她们只能在住地等李四光。经过两个多星期的旅程，他们最后到达了北美西岸的洛杉矶，从这里登船，横渡太平洋回国。

逼上庐山

　　1936年5月，李四光带着夫人和女儿从英国讲学回来，先到上海，然后把妻子和女儿安顿在南京，他便到南京"中央地质研究所"工作去了。此时，他仍然是这个地质研究所的所长，两年的海外生涯，他无时无刻不在怀念祖国，梦寐以求的是要回来为祖国的建设、祖国的繁荣富强、祖国的地质事业做一番贡献。

　　自从"九一八"事变以来，日本侵略者强占了我国东北三省，由于蒋介石对日侵华采取不抵抗政策，日寇长驱直入，中华民族陷入空前的危机之中。李四光对蒋介石的反共卖国，无限愤慨，但又无能为力。他在忧愤中，没有忘记做自己的科学研究工作：从长远来看，祖国需要科学，祖国的大好河山是会回到人民的怀抱的。于是，他带了几个学生背上行装，到黄山和庐山作地质调查去了。

黄山风景优美，是我国著名的游览胜地，素有"黄山归来不看岳"之说。山上还有36峰，72佳绝处，层峦叠嶂，瀑布垂帘，云雾缭绕，雾映霞光，奇松异柏，怪石嶙峋。李四光一行人，饱览了这佳绝的风景，并在这无数的景观中，注意搜寻地质上的特征。

一天，他们来到海拔720米的慈光寺，由一位披着袈裟的小和尚领着参观寺殿。当他们走出大殿，向四下鸟瞰时，小和尚道：

"先生们请看北边五座山峰，多像五匹骏马呀！据说，从前每到夜晚，这五匹马就到这殿前石头池子里饮水。所以这池子叫'五马饮槽'，但自从修起这道围墙，它们就不来喝水了。"

当李四光的目光跟随小和尚的指向，观看那五座山，听讲故事的时候，他突然有所发现，于是大声地喊道：

"你们看！"大家顺着他指示的方向看去，左面的珠砂峰和右面的紫云峰，以及两峰之间的山谷形态，呈一个大的半圆形。李四光说：

"这就是U形谷，是古代冰川沿着山谷往下滑动时，铲削岩石而形成的深槽，谷壁陡直，谷底平缓，横切面是U字形。"

顿时，学生们高兴得沸腾了，李四光兴奋地举起地质锤，狠狠地敲击了一下岩石，迸出了一串闪光的火花。学生们跟着李四光冲下山去，直奔珠砂峰下的谷底去了。他们在左面的谷壁岩石上，发现了冰川流过时同岩壁摩擦而形成的冰蚀面（冰川运动时在岩石上的磨蚀面）和擦痕（冰川流动时在岩石上摩擦而留下的痕迹），好几条擦痕平行排列，又深又大，长度不等。沿U形谷往下，又发现了堆积很厚的冰川砾石、泥砾等等。他们一边拍照片，一边挑选好的砾石作标本，带回住地。

李四光站在黄山的冰川谷上，脑际浮现出一幅中国第四纪冰川的壮观景象：在200万—300万年以前，在我国的黄山、庐山、泰山、太行山、衡山等地区，一座座冰山巍然耸立，积雪终年不化，漫山遍野，白雪皑皑。山间分布着一条条长长的冰川，像一条条银色的游龙，从山上直挂山腰，有的一直延伸到山麓。冰川缓慢地向前流动着，它以巨大力量向侧面和底部的岩石铲削着，有时发出格格的响声。冰川流动到雪线时，全部融化了，它沿途携带的岩块、砂泥开始沉积下来，形成冰水沉积物。

黄山冰川遗迹的又一次发现，激励着李四光去写出论文，通告全世界地学界的人士。他用英文写成了《黄山第四纪冰川流行的确据》一文，在国外发表。法国地质学家德日进，又是个神父，因为违犯了教规，被贬到我国泥河湾当神父。看了这篇文章，像当头挨了一棒，目瞪口呆，不知所措，半晌说不出话来。美国地质学权威巴尔博，看了这篇文章后，灰溜溜地跑回美国了。

当时正在南京中央大学当教授的澳洲专家费思孟，在办公室读着李四光的文章，就坐不住了，便找了两个助手上黄山，可是什么也没有看见，就回来了。于是去找李四光，希望他能陪着去黄山考察。费思孟跟着李四光再上黄山，看到了很多冰川遗迹，例如U形谷、冰川擦痕、泥砾石等，他心服口服地承认了中国的第四纪冰川。回南京不久，就在中国和柏林的地质杂志上，同时发表了他写的《中国第四纪冰川》的文章，承认"这是一个翻天覆地的发现。"

考察完黄山，李四光又带着几位学生来到庐山考察。1936年的盛夏，蒋介石在庐山上办政治训练班和军事训练班。一时，庐山上岗哨林立，戒备森严。一天，李四光带着学生在庐山东边的一个小山上考察冰川沉积，突然来了3个国民党的兵拦住他们，蛮横地进行盘问，搜去他们全部图片和野外记录，并把他们带到部队扣留起来。后来，经过了几个小时的交涉，李四光师生才获得释放，这时已经是后半夜了。

李四光和他的学生们，在鄱阳湖边的白石嘴、蛤蟆石，发现了明显的冰流擦痕。为了更好地研究第四纪冰川，1937年就在这三面环水的白石嘴上盖起了一座白石陈列馆，里面陈列着冰川遗迹的标本和照片。一天，南京国民党政府给陈列馆打来电话，说是鄱阳湖是训练海军的地方，陈列馆要在两天内搬走，不然就要炸掉。当时，李四光在北京大学讲课，不在庐山。许杰和李毓尧前去交涉，结果无效。待李四光回庐山时，陈列馆已被炸成一片废墟了。

1936年的下半年，女儿李林患了肺病，李四光送夫人和女儿到了庐山。1936年12月12日发生的西安事变和平解决后，蒋介石飞到庐山"休养"。蒋介石和汪精卫决定："邀请全国各大学教授及各界领袖来庐谈话。"交换对"政治、经济、教育等方面"的意见，日期定在1937年7月15日至8月15日，分期分批进行，李四光被邀请参加首批座谈会。

庐山谈话会临近，国民党政府要人、社会名流、大学教授接踵而来。7月4日，汪精卫也抵达了庐山。

李四光非常关心这次庐山谈话。7月7日，侵华日军发动了卢沟桥事变，在这种形势下，蒋介石想谈什么呢？他同汪精卫在日本，后来在南京都有过交往，而且知道蒋、汪之间的矛盾，所以特地来到牯岭汪精卫的住处作一次拜访。李四光开门见山地提出抗战问题。

"现在再不打，别无出路了。"李四光说。

汪精卫却说了一通不能打的"道理"，李四光同他争论起来，汪说：

"你是书呆子，懂什么？"

李四光气愤地站起来说："看谁看得对！"说完立即告辞了。

回来后，李四光义愤填膺地对朋友李一平说："此人可杀！"

7月16日，第一次谈话会在牯岭图书馆举行。汪精卫主持会议。17日蒋介石发表了谈话，并且宴请了与会人员，但李四光没有出席他们举行的谈话会，这在当时蒋管区知识界是罕见的，表现了他强烈的爱国主义思想。

迁往桂林

1937年卢沟桥事变后，侵华日军大举向我腹地进攻。7月底平津沦陷、华北许多大城市被侵占；8月13日又进攻上海，11月上海失守；继而出动大批飞机狂轰滥炸国民党政府所在的南京，钟山上空弥漫着战争烟云，国民党的要员们，扔下饥寒交迫的民众，纷纷外逃。

一天，地质研究所接到研究院朱家骅代理院长的通知："现在情况紧急，这个地方全部被南京防空司令部征用。限你们三日内全部迁移，过时则不准出入。"朱家骅命令各研究所负责人，跟蒋介石迁去重庆，如果不去，就停发经费。

1937年12月13日，南京沦陷，1938年10月，广州、武汉失守，国民党政府在武汉没有站住脚，就又仓皇逃到重庆了。当时地质研究所所长李四光、社会研究所所长陶孟和、物理研究所所长丁西林等人，都是一向反对蒋介石，有爱国民主思想的进步学者。他们经常在一起商量：往哪里搬迁呢？李四光提出："我们南迁，决不听朱家骅的命令，决不跟蒋介石走，我们到广西去。"

李四光和吴燕生（本书作者在重庆大学地质系的尊师）、马振图、张文佑等人，亲自钉箱子，捆行李，托人找了两条帆船，把地质资料运往广西桂林。李四光和家人其他几户家属和地质研究所全体工作人员，分乘这两条船，向长江上游进发。社会研究所、物理研究所的工作人员，乘另外的船只，紧跟在地质研究所船只的后面。

长江江面上，大小船只来往如梭，都是逃难的。那些达官贵人，坐在大轮船的甲等舱里，带着大批金银细软，逃往重庆。侵华日军的飞机不断地在天空盘旋、扫射、扔炸弹，江面上笼罩着烟雾，江水中漂浮着残缺不全的尸体和船板，浪涛里可以看到殷红的斑斑血迹。滚滚的长江，流淌着中国人民的血和泪，倾吐着炎黄子孙的苦和难。

此时此刻，李四光心潮起伏，思绪万千。长江日夜奔流，它必将荡涤一切污泥浊水，日本帝国主义只能猖狂一时，蒋介石阻挡不住历史的滚滚洪流，苦难的中国人民一定会取得最后的胜利。

逆流而上，船只行驶比较困难，再加上逆风天气，更是雪上加霜。行进时有时需要船工到岸上拉纤。这是1937年的11月，天气阴冷，寒风凛冽。李四光看见船工从船上跳下去，趟过一段浅水，倾着身子拉纤，也连忙挽起裤腿，脱了鞋袜，下船来到岸上，背起了纤绳，和船工们一起拉纤。他的学生们看到老师都这样做，也跟着干起来了。李四光默诵着：青山遮不住，毕竟东流去。踏着号子的节奏，手攀着岩石，脚蹬着黄沙，艰难地拉着纤绳，一步一步地前进着。

船到了江西九江，刚刚靠岸，一群国民党的"遭殃军"就蜂拥而来了，他们吆喝着叫李四光等船上的人下船，说是这船被征为军用了。李四光挺身而出，大声地告诉他们："我们是中央研究院往后方搬家的船，你们不能抢占！""遭殃军"不予理睬，李四光就上岸给士兵们讲道理，他说道：

"现在国难当头，日本鬼子已经包围了南京，我们科学研究机关，不得不往后方撤退。你们是拿枪杆的军队，理应枪口朝外，对着日本鬼子，保护老百姓。可你们现在拿枪对着我们，你们的良心何在？再说，船上载的都是公家物资，出了差错谁负责任呢？"

这一席话把士兵们说的哑口无言，无法应答。李四光向船工们打手势，赶快拔锚起航。船过武汉，通过长江支流，进入洞庭湖，沿着洞庭湖东岸到了长沙。12月19日，李四光参加了在长沙留芳里4号召开的中国地质学会理事会，还到岳麓山左家陇去拜祭了地质学家丁文江的坟墓（丁文江是1936年1月5日去世的），然后，继续乘船沿湘江到衡阳，再转桂林。

在抗战8年的艰苦岁月里，李四光在桂林度过将近7个春秋。

李四光等人，初到桂林有三大困难，这就是住房、轰炸和经费。最初他们与物理研究所合租了一座两层的楼房，可是不久，就被日本飞机炸坍了一半。1938年6月，只好搬到桂林乐群路四会街12号，李四光亲自设计，在院内盖起了两排木板房，作为办公室和宿舍，他们并在大门口挂上"抗战到底"的大灯笼。

经费少是又一难题，地质研究所不仅办公费少，而且连职工生活也难以维持。李四光生活很清苦，穿的是土布灰色衣服，有一次广西省政府主席黄旭初找他谈话，发现他总是用手捂着膝盖，黄问他，是膝盖疼痛吗？当李四光羞愧地移开手时，原来裤子破了个大口。

地质研究所迁往桂林后，决定以鄂西、湘西和广西的找矿为主要任务，其中对煤、铜、铁等矿种尤为注意。抗战以后，长江一带煤的供应特别困难。因此，他们以最大精力找煤，以便解决这些地区的煤荒，经过一段时间的工作，在鄂西香溪河流域找到了可供开采的数层煤，在广西找到了柳域大埔煤田、罗城小长安煤田，为当地民用、工业用煤作出了可喜的贡献。

这时李四光在地质科研方面也取得了成就，例如建立了广西山字形构造体系，对桂北及大徭山地区的第四纪冰川遗迹进行了详细考察。初夏的一天早晨，李四光晨练时，发现了这山上最佳的景色，就特地让人把大家从睡梦中叫醒。当人们赶到他那里时，只见他微笑着站在高处，向东眺望，原来漓江对岸的石林地带，晨雾如海，正沿着开阔的山谷缓慢向下流动，逐渐与层林炊烟交织在一起，这就是"山谷冰川"的再造图。

1939年6月22日至24日，《武汉日报》连续3天刊登湖北省政府关于临时参议会第一届参议员名单的通知。参议员有45人，临时参议员有23人，石瑛被任命为议长，李四光被任命为副议长，但他从不参加会议。9月19日，在湖北恩施举行第一次大会时，他电函请假，电文说："因事及交通困难，不能出席"；1940年4月5日，第二次大会召开，通知他说：石瑛议长有病，请您主持会议。这时李四光在重庆刚开完中国地质学会第16次年会。不得已，只好从重庆乘船到巴东，湖北省派一辆烧木炭的汽车接他，他主持了一半会议就考察冰川去了。

9月12日，李四光回桂林后，立即给湖北省政府去电报，请求辞去参议会副议长职务。省政府多方挽留，李四光怎么也不肯再出席会议。

地质研究所迁到桂林之后，李四光几乎每年去重庆参加会议，结束时，蒋介石总要宴请他们，但李四光每次都拒绝参加。有一次，李四光的座位被排在蒋介石的右边，但他仍不出席，蒋问地质学家翁文灏：

"李四光先生怎么没有来？"

"重感冒，发烧。"翁文灏回答。

过了一会儿，蒋又问陶孟和，陶也说：

"李先生病了。"

1971年1月，翁文灏逝世，李四光还一直记得这件事，并十分感激地说："翁文灏曾救过我一条命。"

由于李四光在国内外的声望高、名气大，蒋介石想拉拢他，曾多次要他出任教育部长、大学校长、驻英国大使等职，都被他拒绝了。

后来有一天，钱昌照突然通知李四光，说是蒋介石要抓他。他把这个消息告诉了夫人许淑彬和身边的几个学生。李四光明白，这是与他一贯反蒋分不开的。大家劝李四光避一避为好。1941年8月4日上午，日本侵略军出动飞机21架，由越南侵入桂林市区狂轰滥炸。广西省政府作出决定，增辟避难岩洞，疏散市区人口。一天，李四光和夫人同地质研究所的同事们一道，坐着一辆卡车出发了。他们带着罗盘、地质锤等，人们一看就知道是去调查地质的。然而，这一天他们夫妻俩，一去未返。他们来到一个僻静、风景优美的架桥岭清平乡往下了。

现在看来，李四光的学术成果很多的原因之一，就是他能随遇而安，刻苦钻研。在僻静乡村中，他既避开了蒋介石的追杀，又避开了日本飞机的轰炸，他仍可埋头工作，整理了不少地质资料，草拟了许多篇论文初稿，其中有《二十年经验之回顾》、《山字形构造之实验和理论研究》等重要著作。

辗转奔波

　　1944年春，侵华日军也处于崩溃的前夜，日军为了挽救失败的命运，就向重庆南进，做垂死挣扎。6月，日军从湘桂路直抵桂林，同时另一支侵略日军又从越南进入镇南关（今友谊关），包抄北上，形势非常紧张。这时在桂林的地质研究所的研究人员还有七八人，李四光让大家立即撤走，先到贵阳避难。

　　6月27日，李四光一家和地质研究所同事，随着逃亡的人流，开始了奔波的苦难旅程。当时的黔桂铁路，从桂林只通车到独山，而不到贵阳。车厢里挤着满满的流亡者，连车棚顶上也坐满了人。车上人多、闷热，车内又没有水喝，加上李四光一家是仓促离开桂林的，开始时还可以买些稀粥充饥，后来稀粥也买不到了。火车在行进中，经常要躲避日军飞机的轰炸，从桂林到独山，走了7天7夜。途中李四光的女儿李林却得了痢疾，幸遇一位女医生医治，病情才有所好转。

从独山到贵阳，是由李夫人的表弟帮助的。他在贵阳运输处当处长，搞到一辆卡车前来接他们去贵阳暂住表弟家，此时李林已在广西大学机械系毕业了，暂找了一个工作维持生活。李四光把地质研究所迁往乐湾的古庙，并出席了中国地质学会第20次年会，迎带领与会人员考察乐湾附近的第四纪冰川遗迹。

这年的10月，独山失守，都匀吃紧，眼看贵阳危在旦夕，他们在乐湾也待不下去了。李四光又同地质研究所同事逃往重庆。李四光和同事们的运输车到遵义的时候，一群败兵蜂拥而来，拦住汽车，强行"征用"，双方争执起来。这时，李四光威严地从车上下来，脸色已经气得苍白，声音有些颤抖，指着这伙败兵厉声问道："你们要干什么？要我这辆车，你们办不到！有本事就把我打死在这里。你们简直是一伙强盗，快给我滚开！"

此时一个头目样子的败兵，看李四光临危不惧，怒不可遏的神色，摸不清这是多大的官，便向士兵们挥手示意，士兵们就散开了。于是大家急速上车，往遵义城驶去。可是，这时的李四光，心脏却急速地跳动，额头上冒着粒粒汗珠，病痛与劳累使他有些支持不住了。

李夫人身体也不好，坐汽车总是晕车，几天几夜不吃不喝，昏昏欲睡。为了夫人的健康，李四光也想在遵义休整一两天，他们在旅馆住了下来。第二天，李四光就到内迁来遵义城的浙江大学校长竺可桢的住地，探望这位老朋友。竺可桢留李四光多住几天，李四光答应了。大约是第五天早晨，他们又继续坐车奔往重庆。

到重庆，汽车停在四川地质调查所的门前，所长侯德封已经为老师一行准备好了住所，请他们在所里暂时安歇。此时在重庆的地质界人士，都来拜望他们。在抗日战争期间，重庆虽然是大后方，但日本飞机也经常来轰炸。到重庆的第二天，天刚蒙蒙亮，大家才起床，窗外就有人大声喊道："气球挂起来了！"

原来，这是空袭警报信号。

这时的重庆，每天都有空袭警报。当时的重庆人，一早起来，就先抬头看一看山顶挂了气球没有。如果没有挂气球，表示平安无事，如果挂了一个气球，表示日本飞机向重庆飞来了；挂两个气球，表示敌机临近了，大家赶快进入防空洞躲避；挂三个气球，表示敌机已经进入市区上空了。战时的重庆人，对警报已习以为常，并不感到惊慌失措。这天，当挂了一个气球时，大家赶快吃早饭，等第二个气球挂起后，各人提着随身携带的物品进入防空洞。

地质研究所的人们，在四川又开始工作了。李四光夫妇先住在一间粪池上面的小屋子里，其臭味是可想而知的。后来经友人的帮助，在沙坪坝租到了一幢小楼房，暂时定居了下来。

这期间，李四光的工作仍是很繁忙的，有地质研究所的工作，还在重庆大学地质系讲课。当时中央大学地质系主任张更也是李四光的学生，曾多次请他去中央大学上课，但他都没有应聘。据说，原因就是由于朱森冤死在这里，会使他触景生情。朱森是李四光的学生加好友。1924年夏进入北大地质系，毕业以后，应李四光邀请，到地质研究所任助理员，继升为研究员，后留学美国，著述很多。1938年1月，被借到重庆大学地质系担任系主任、教授，1941年去中央大学兼课。在这年的夏天，朱森自野外地质考察回来，因胃病发作住院。当时教授每月"优待平价米5斗"，朱森份额原由重庆大学发给。应中央大学聘请后，中央大学总务部门又发给当日份额。朱森夫人不知前后情况，以致误领。然而，这样一位青年地质学家，在蒋介石直接统治下的重庆，竟因其夫人误领5斗半价米，就被人告发而受到教育部所谓"贪污"处分。朱森气愤之下，胃溃疡恶化，以致死亡，终年41岁。这使李四光感到无限哀痛和惋惜。

李四光对朱森的绵绵哀思，化作一首五言诗：

崎岖五岭路，嗟君从我游。

峰峦隐复见，环绕湘水头。

风云忽变色，瘴疠蒙金瓯。

森今复何在，石迹耿千秋。

由于李四光在重庆的心情很不愉快，辗转奔波、颠沛流离、劳累过度，再加上过去就患有肺结核、肠胃病等多种疾病，所以身体显得很弱。李四光躺在病床上，心里很不平静。他想着这一年将在地质大会上还要发表一篇论文。他自己不能执笔了，由他口述，他的学生——重大地质系主任俞建章来记录。论文题目就是《中韩沿海之陷落与大陆破裂》。待病有了好转，他和夫人就搬到北温泉去住了，病中他对北温泉附近的地质情况调查得十分细致，并发现一个形状酷似扫帚一样的地质构造。

出席国际地质会议

1947年6月6日，中国地质学会理事会会议在南京地质调查所举行，讨论参加1948年在英国伦敦举行的第18届国际地质学会议的代表问题。会议决定"用通信方法，由全体理事票选2人，限6月底以前将选举票寄交本会书记。"

7月14日，地质学会理事会就选举代表问题，再次举行会议。当场开票，结果李四光、尹赞勋当选。在李四光看来，国内正值黎明前的黑暗，出国参加地质大会，可以暂时避开蒋介石的疯狂迫害，因此，表示同意参加会议。于是，李四光一面养病，一面准备参加大会的论文。1947年9月底，他们夫妇俩从上海来到杭州，在风光秀丽的玉皇山住了下来。

在杭州一个晴朗的日子，李四光夫妇约请浙江大学校长竺可桢夫妇，化学系教授丁绪贤夫妇，以及地质研究所孙殿卿、吴磊伯等，一道游览西湖名胜。竺可桢是著名的地理学家、气象学家，对我国古气候的演变很有研究，在学术上常同李四光互相切磋。这一天，他们共同踏看了杭州附近的冰川遗迹，他们在砾石屋里找到了条痕石。

李四光在杭州住了两个多月，写出了《关于"震旦运动"及华夏式新华夏式构造线三个名词》的文章，与前辈地质学家章鸿钊等开展了学术讨论。为国际地质学会写好论文，这是李四光在杭州养病期间的一大任务，但是住在招待所是不可能动笔的，因为夫人不让他用脑过多，以免影响健康。于是，他采取假借外出游览，约了吴磊伯同行，在"游览"期间由他口述，吴磊伯笔录写论文。

1948年2月初，李四光偕夫人从上海启程赴伦敦，参加第18届国际地质学会议。他们在香港候船，等了两个月，才搭上一艘挪威货轮。航行两个多月到达法国的马赛。船在马赛要停留3天，船上不开饭，李夫人就上岸到食品公司买面包，但售货员不肯卖食品给她，一位法国妇女用法语对她说：

"我送你一张票吧！"

许淑彬很受感动。原来第二次世界大战刚结束，法国食物奇缺，面包要配给，不能随便购买。

李四光原来准备先到挪威的，因为奥斯陆罗大学决定授予他名誉博士学位，邀请他去参观访问并作学术报告。后来因北海的海浪很大，李夫人晕船很厉害，就没有去挪威，而委托别人代为宣读论文了事。

后来，李四光和夫人改乘火车经巴黎到伦敦。女儿为父母在伯明翰郊区丘斯勒特村租好一间房子，李四光夫妇直到国际地质学会议开幕前夕才赶到伦敦。

作为中国地质学会会长的李四光，1933年在华盛顿第16届国际地质会议上，曾发表了《东亚构造格架》的论文；1939年，在莫斯科举行的17届会议上，他又发表了《中国震旦纪冰川》；这次第18届地质会议，他准备的论文是《新华夏海之起源》。

李四光所谓的新华夏海，是指东亚东缘的渤海、东海和日本海。1948年8月25日，第18届国际地质会议在伦敦亚尔培大厦开幕了，会议开了7天。李四光在大会上宣读了《新华夏海之起源》的论文，他一面讲，一面配合所讲内容放映幻灯片。他用一根长长的木棍，指着图片上的构造加以详细解释，与会者都聚精会神地注视着中国新兴的地质力学理论，有不少人为之鼓掌；有的人惊愕、疑惑；也有人被激怒，在暗暗地咬牙切齿。而李四光却漾着自信的微笑，站在祖国的地质图前面，理直气壮地演讲。

1949年4月初，以郭沫若为团长的中国代表团赴布拉格出席世界维护和平大会。出国前，郭沫若根据周恩来总理的指示，给李四光带了一封信。这封信是郭沫若领头签署的，内容是请李四光早日返回。李四光接到了这封信，心情十分激动。

祖国的巨大变化，使李四光的心早已飞回神州大地了。他接到郭沫若的来信后，订好了由马赛开往香港的船票。但当时由英国到远东的船很少，要等半年才能启程。这时，李四光夫妇于8月26日在博思默斯，以简朴的仪式，为女儿李林举办了婚礼，为回祖国作了很好地安排。

1949年9月21日，中国人民政治协商会议在北平（今北京）开幕，李四光作为自然科学界的代表，成为第一届政协委员。

台湾的国民党得知李四光是全国政协第一届委员的消息后，立即策划一个阻挠李四光返回祖国的阴谋。国民党外交部密令当时的驻英国大使郑天赐，要李四光公开发表声明，拒绝接受共产党领导的全国政协委员的职务，不然就将他扣留在英国。

李四光正以焦急的心情等待着启程的日期。还有一个月时间（1949年8月的船票），真是度日如年。一天，伦敦一位早年的朋友陈源，打来长途电话说，国民党驻英国使馆要李四光发表声明，拒绝共产党政府给予的政协委员的职务。这就是暗示李四光必须赶快离开英国。

"不能再等船票了，我一个人先走。"李四光对夫人说道。

当机立断，他让女儿随即送他到普利茅斯港口去，这是一个偏僻的地方，是一个货港，没有客船。李四光从这里离开英国，不会引起国民党特务的注意。

李四光只带了一张五英镑的旅行支票和一个小皮包走了。皮包里全是他的文章和书。他乘的这艘像帆船似的小轮船，是黑夜渡过英伦海峡去法国的。临行前，李四光给国民党驻英国大使留下一封信，内容大致是，我绝不会发表你们要我发表的声明，我要立即返回祖国。

第二天，国民党大使馆果然派人送来5 000元美元，来人还把他们知道的消息透露给许淑彬，大意是说：如李某不肯发表声明，不肯拒绝共产党给他的职务，就要郑天赐设法把他扣留下来。李夫人当即把李四光临走时留下的信交给来人，并拒绝接收美元，于是来人灰溜溜地走了。

过了两个星期，许淑彬收到李四光的来信，信封上的英文地址等是他用左手写的，因为怕这里有人认出他的笔迹，会增加麻烦。信中说他已到了瑞士与德国交界的巴塞尔城。李四光选择这个地方停留，是因为它不是风景区，不会被人注意，而且附近地质情况比较好，可以作地质考察。李四光住在一个小旅馆里，可是身上带钱不多，拖欠了老板不少膳宿费，还是夫人去时还完欠款的。

女儿李林送母亲到巴塞尔，找到这个旅店，可是李四光不在，上山考察地质去了。他给老板留言道，如果妻子和女儿来了，请先吃饭，休息，不必等他。等到天快黑时，李四光手拿地质锤兴冲冲地回来了。

住在巴塞尔的日子里，一天，女儿从英国转来一封信，是印度古植物学家萨尼的妻子写给李四光的，要求李四光写一篇纪念她的丈夫逝世一周年的文章。李四光对萨尼是很尊敬的，因此很快就写了一篇《受了歪曲的亚洲大陆》。文中指出，过去受欧美地质学家的影响，把亚洲大陆的构造形式歪曲了，使人难以接受，现在应该纠正过来，并以此纪念萨尼先生。

回到祖国

1949年12月25日，李四光和夫人许淑彬由热那亚启程秘密回国，于1950年3月初到达香港。

船到了香港码头，迎接他们的是多年的老同学陈厚甫。陈厚甫将新中国政府，周恩来总理为迎接他们回国所作的布置，向他们夫妇介绍："李先生离开伦敦的消息，台湾国民党方面已经接到郑天赐从伦敦发出的报告，与此同时，这个消息早已通过其他途径传到北京了。正在主持中央人民政府政务院工作的周恩来总理，十分关心你们在旅途的安全问题。周总理计算着，按行程时间，已是该到达的时候了，为什么还没有任何消息呢？于是，周总理给华南军政委员会下达任务，要求查明你们在旅途中的情况。以叶剑英为首的军政委员会分析，你们不可能走北路，经苏联回国，因为此线办不到签证，若走南路，则必经香港，因为当时从香港经九龙，至深圳的交通是开放的，一般人都是从这条南线回国。所以安排我从南线迎接你们。"

李四光夫妇听了陈厚甫的这一番话，已是热泪滚滚。感谢人民政府、感谢周恩来总理和同志们的关怀。

第二天，李四光夫妇被送到一位陌生人的家里，主人告诉他们说：

"大陆上来了一位朋友，名叫麦可。这位先生想和您谈谈。"

麦可（Mr.Mickel）就是黎雪，20世纪50年代曾任中国科学院科学出版社负责人。这位文质彬彬的大陆来人，热情地握着李四光的手，用流利的英语说，他是党和政府派来向李四光问候和欢迎的人。此时的李四光已经像一个婴儿被母亲紧紧地抱在怀中一样，一股暖流涌遍了全身，激动地噙着热泪，说出了几个月来一直憋在心里的话：

"毛泽东主席、朱德总司令、周恩来总理身体好吗？他们是多么辛苦啊！"麦可同李四光的谈话持续了两个多小时，分手前约定两天后再见。

4月初的香港海边，只有疏疏落落的游客，大都是路过香港时匆匆来观赏风光的。李四光夫妇则是如约来到这里的。他们向海边的长廊走来。刚在茶桌旁坐下，只见从坡上开来一辆轿车，从车上下来3个人，同李四光夫妇打了一个照面，随后就把李四光夫妇接走了。

次日，李四光夫妇乘上了从香港到天津的轮船，他们的心早已飞向北京。但是，事与愿违，船开出码头后不久，就触上了国民党逃跑时的沉船，客轮被撞破了一个大洞，海水不断涌进船舱……他们在香港又等了一个星期，决定乘火车从香港到广州。当火车经过深圳时，英国海关的警察，把中国人从头到脚全部检查了一遍，两人在桥头上足足站了两个多小时。据说，如果给英国检查人员一些钱，就可以早些通过。英国警察的傲慢，故意刁难，借机勒索财物，在李四光脑海里留下深刻的印象。可是，同在一座桥上，桥的北端是人民解放军检查人员，他们对旅客的态度却十分亲切，认真检查，从不刁难任何一个人。李四光由衷地感到共产党好，解放军好。

1950年4月6日，李四光和夫人到达广州，已经是深夜了。广州市领导派来接待人员，送他们到旅馆休息。第三天一大早，他们又踏上了赴上海的旅途。李四光由于过度劳累，心脏病又复发，借来的钱也花完了，幸好人民政府派车送他们的那位同志，把李四光安排在火车卧铺躺下休息，并拿出200万旧人民币（相当于现在的200元人民币），才安全抵达上海。

他们在上海住了两宿，于4月13日到达南京。这天，在南京火车站等候迎接李四光的各界人士很多，有南京市长和其他负责人，科学院和地质研究所等200多人。由于李四光在国际科学界的声望，特别是不惧恐吓而回国的精神，使得许多人都很钦佩，都希望能够亲眼见到他，听他谈谈回国的曲折经历。可是由于他的身体一直不好，又患重感冒和心脏病复发，只能每隔一天被允许参加半天的活动。在每次会上，他都热情地讴歌祖国，倾吐他的激情。

李四光在南京暂住期间，地质研究所接到北京转来东北工业部的电报，请地质部门派人调查双鸭山及北满矿产情况，李四光看了电报后，觉得新中国经济建设已经开始了，这是多么振奋人心的事啊！他当即决定把地质研究所的主力派去找矿。由喻德渊负责带队，并明确任务，目标要放在找矿上，基础要放在摸清地质构造上。被派去的人，后来都成为长春地质学院的办学骨干，喻德渊成为该院的院长。

5月6日清晨，李四光和夫人在地质研究所人员的陪同下，乘火车来到北京。到火车站迎接的有中央人民政府副主席、全国政协副主席、国民党革命委员会主席李济深、中央文教委员会主任委员、中国科学院院长郭沫若、副院长陶孟和、竺可桢等。当时，郭沫若设宴招待，李济深、陆定一、马叙伦、胡乔木、丁西林、华罗庚、谢家荣等作陪，新老朋友欢聚一堂，畅叙过去，展望未来。

新中国成立后不久，人民政府就曾考虑召开第一次全国地质会议，但周恩来总理指示，要等李四光回国以后再开。谁知一等再等，一直等了5个月，李四光还没有回来，有人造谣说："李某人去台湾了。"

周总理听了这话后说："我相信他不会去台湾，现在还没有回来，一定是给什么困难耽误了，我们一定等他回来再开会。"

李四光回到北京后，他们夫妻最敬重的周恩来总理来了。周总理问寒问暖，关怀备至，同李四光交谈了3个小时，使李四光夫妇感动不已。

委以重任

　　1949年10月19日，中央人民政府宣布成立中国科学院，任命郭沫若为院长，李四光、陶孟和、竺可桢为副院长，后来又补充任命吴有训为副院长。中国科学院成立后的第一件工作，是接收和调整旧有的科学研究机构。

　　李四光回到北京不久，就参加了中国人民政治协商会议第一届全国委员会第二次会议，同时还参加了高教会议、中国科学院常务扩大会议。高教会议期间，毛泽东主席接见了会议代表。毛主席问候并赞扬了李四光，他说：

　　"李四光先生，你回来了，欢迎你。你在政协上的发言讲得很好！"

1950年6月20日，正式召开了中国科学院第一次院务扩大会议。各学科专门委员会委员能到会的只有33人。会议期间，朱德总司令和周恩来总理到会讲了话。朱老总对各位科学家在新中国成立前的困难条件下仍能坚持岗位，辛勤工作表示敬意。他说：

"今天推翻了三座大山，科学研究工作的前途更是光明了。但是，目前还有困难，还不可能百废并举。科学家要不分领域，通力合作，有重点有计划地配合国家经济建设需要，为人民服务。"

周总理在讲话中举出了作家老舍在政协会议上讲的一句话："过去的时代，文人相轻，现在的时代，文人相爱。"勉励科学家不要妄自菲薄，也不要清高，要互相信任，看到人家的长处，承认自己的短处。人与人间如此，机构团体之间也要如此。他还建议科学家有时间的话，可以看看毛泽东主席关于整顿三风的报告。李四光听了周总理的报告后，从多方面自觉地按照总理指示去做。

1950年6月26日，李四光作了自我批评性的发言，立下"要向共产党人学习"的志愿。

1950年8月17日，中华全国自然科学工作者代表大会在北京胜利召开，这是新中国成立后，也是中国有史以来第一次全国自然科学工作者团结的大会。李四光出席了这次大会，并以中国科学院副院长的身份作了题为《新中国的科学研究》的报告。在这次大会上，李四光被推选为"中华自然科学专门学会联合会"（简称科联）主席，侯德榜等被推为副主席。

李四光还肩负着周恩来总理交托的组织全国地质工作者的任务。旧中国有3个全国性的地质机构，"中央地质调查所"、"中央研究院地质研究所"、"矿产测勘处"，都设在南京。国民党政府南逃时，中央研究院地质研究所以许杰为首的11人，立下留守南京或上海的决心书；"中央地质调查所"尹赞勋等表示，决不跟随国民党政府去任何地方；矿产测勘处谢家荣等也表示不走。为此，保存一定的地质力量、图书资料和仪器设备，是重新组织起来的基本力量。

在当时地质界同仁，对于如何把全国的地质单位和人员组织起来，有分歧意见的情况下，李四光学习了共产党的群众路线，广泛征求地质工作人员的意见，他亲自拟定了一份征求意见的信，发给全国所有的地质工作者，大约发了200多封。信反馈回来了，综合大家的意见，他提出成立"一会、二所、一局"的方案。一会即地质工作计划指导委员会；二所即中国科学院地质研究所、古生物研究所；一局即矿产地质勘探局。

这个意见上报周总理后，并于9月6日经政务院第47次会议通过，同时通过了任命李四光为主任委员，尹赞勋、谢家荣为副主任委员。从此，李四光担负起了全国地质研究、测勘的组织领导工作。全国只剩下200多名地质人员了，但是大规模的经济建设需要各种资源，经高教部和地质工作计划指导委员会共同商议，扩大建立了北京地质学院。李四光亲自兼任北京地质学院筹备委员会主任；建立长春地质学院，后来又在南京大学、重庆大学等6所大学建立地质系，同时还筹办了9所中等地质学校。

1951年4月12日，李四光被推选为世界科学工作者协会执行委员会副主席。5月7日，兼任中国科学院古生物研究所所长，至12月25日，经中国科学院院务常务会议同意，辞去古生物研究所所长的兼职，由斯行健担任所长。

1952年8月7日，中央人民政府委员会第17次会议通过，决定成立地质部，李四光被任命为部长，同时派中央重工业部副部长，老红军何长工担任党组书记兼副部长。当周总理派人来事先和李四光商量建立地质部的有关事宜时，李四光非常高兴，感到这是中央对地质工作的关怀和重视，地质事业将大有希望了。

地质部成立以后，地质力量迅速加强，受过高等教育的地质工作者，等于新中国成立前的60倍，地质队伍发展到20万人。在第一个五年计划里，探明矿种和矿产储量比新中国成立前成倍地增长。地质工作取得了巨大的成绩。

地质部成立后，李四光除担任地质部长外，还担任中国科学院副院长，虽然他曾表示，力不从心，请领导考虑是否可以辞掉一个职务。但经过上级慎重考虑，还是决定他继续担任地质部长和中国科学院副院长的职务。他服从领导的决定，就在中科院和地质部两边跑，有时忙这边的事，有时忙那边的事。

1953年11月28日，中国科学院第40次院务常务会议通过设立地震工作委员会，由李四光兼任主任委员，赵九章为副主任委员。委员会下分设综合、地质、历史等组。李四光曾多次找范文澜先生商谈如何收集分析中国历史上丰富的地震记载，以弥补科学记录不足的问题。

1952年10月，山西崞县发生地震。1954年2月，甘肃山丹地区发生地震。李四光都亲自派人参加调查，听取调查汇报，曾多次参加讨论地震强度和烈度的划分会议。李四光担任地震工作委员会的职务一直干到1955年，才由竺可桢副院长接替。

1954年初，正式成立地质普查委员会，由李四光兼任主任，刘毅担任党委书记，谢家荣、黄汲清为技术负责人。谢家荣和黄汲清在新中国成立前和成立初，都做过石油地质调查。1942年黄汲清就首先提出过"陆相生油论和多期生油论"，1949年9月，谢家荣也提出过："……要特别注意北满……可能有发现油田的希望。"

1954年12月，国务院决定，从1955年起，加强对石油和天然气的普查和科学研究工作。1956年3月26日，由地质部、石油工业部、中国科学院联合成立全国石油地质委员会，由李四光担任主任委员，副主任委员由许杰、武衡、康世恩担任，作为全国石油地质的咨询机构。

1954年12月25日，在中国人民政治协商会议第二届全国委员会第一次会议上，李四光当选为副主席。12月29日，被推选为中苏友好协会副会长。1955年春，中国科学院成立学部委员会，李四光担任委员。1955年10月20日，中国科学院第45次院务常务会议通过，成立奖金委员会，李四光担任副主任委员。1958年8月，中国科学院成立原子能委员会，李四光担任主任委员；9月25日，中国科学技术协会在北京成立，李四光被推选为主席。

科学传友谊

　　古生物化石蜓科的研究成果，是李四光一生不朽的科学贡献之一。蜓是一种生活在浅海的单细胞动物，靠丝状伪足伸缩爬行。蜓最早出现在距今300百万年的石炭纪古海洋中，曾广泛分布于世界各地，种属繁衍很多，到距今230百万年的二叠纪末期灭绝。

　　李四光从20世纪的20年代初，就从事蜓科化石的研究。他通过大量的蜓科化石鉴定，感到描述繁琐，记载庞杂，茫无端倪，于是创立了蜓科鉴定的10条标准，并划分出20多个新属。按国际惯例，凡是科学家发现一种新的物理现象、化学反应或生物新种等，都可用发现者的姓名，或发现者所崇敬者的姓名来命名，以资纪念。1923年，李四光将第一个新属，命名为包尔敦属，用以纪念他在伯明翰大学的老师包尔敦教授的。包尔敦属分为2个属型，其中一个属型命名为李氏维尔士·包尔敦蜓；另一个属型命名为李氏卢·包尔敦蜓。维尔士和卢，也是李四光在伯明翰大学时比较亲近的两位老师。李四光把最后两个新属命名为丁文江属和翁文灏属，以表示尊重丁、翁二人在开拓中国地质事业中所作的贡献。

1936年6月18日，李四光接到蔡元培从上海发来的急电，报告杨铨被特务暗杀的消息，李四光悲痛万分。他认识杨铨虽然比较晚，但共同的志向和经历，使他们一见如故。他决定把最近发现的一个蜓科新属，以"杨铨蜓"命名，献给这位值得纪念的民主战士。

在国际上，李四光同英、美、苏、德、法、挪威、印度、匈牙利、捷克、新西兰等国的地质学家、地理学家和有关的科学家，不断有著作交换和书信往来。从1951年以来，李四光一直是世界科学工作者协会的副主席之一。

英国科技史学家李约瑟博士编著的《中国科学技术史》第三卷于1960年出版后，分别送给李四光和竺可桢各一本书，这是作者对李、竺两位科学家的尊重。

印度古植物学家萨尼，是李四光早年在英国相识的朋友，结下了深厚的友谊。李四光一直是印度古生物学会会员，这是萨尼推荐的。

　　李四光一直是全苏古生物学会的荣誉会员。李四光的《中国地质学》、《旋卷构造》两部著作被译成俄文在原苏联发行。1958年6月20日，原苏联科学院全体大会上一致选举李四光为科学院院士。同时被选上的还有郭沫若。1959年12月，原苏联科学院主席团决定授予李四光卡尔宾斯基金质奖章。克鲁鲍特金教授在《自然》杂志上撰文，介绍了李四光在地质科学上的成就。1959年11月12日，第一届全国地质会议在北京召开，来自全国187个不同的科学研究、生产和教学部门的代表和列席代表共200多人，原苏联科学院院士，著名突变论学者纳里夫金教授也应邀出席了大会。李四光给他介绍地层时代、地形地貌，随行人员清理基岩冰溜面（过去冰川流动时滑行的冰面），铲除破土废石，并冲刷干净，纳里夫金在李四光的指点下，把冰川留下的痕迹看得一清二楚。

　　通过科学活动交往，李四光同国内外许多学者，结下了深厚的友谊，对发展科学起到了促进作用。

探索石油

　　新中国建立的初期，百废待兴。1953年，正是我国第一个五年计划的第一年，毛泽东主席和周恩来总理，就中国的石油发展问题，向李四光咨询。

　　一天，中南海传来信息，请李四光晚上去中南海参加一个会议。李四光思考着，中南海是党中央和毛泽东主席办公的地方，这肯定是毛主席和周总理召见，心中有说不出的喜悦。当总理见到李四光迎面走来时，马上站起身来，握住他的手说："请！请！李老！"

　　毛泽东主席也向前走了两步，握住李四光的手说道："李老，又是好多日子没有见啦，你的精神不错嘛！"

接着，周总理讲了我国石油生产的严峻形势。当前每年只能生产10万吨石油，远远不能适应工业发展的需要。为了适应大规模经济建设对石油的需求，摆在我们面前的道路有3条：从国外进口石油，但我们的外汇不充裕；开发我国的天然石油，可国内外有的专家说："中国贫油"；走人造石油的道路，即从我国广东茂名、辽宁抚顺的油田页岩中提炼石油，可是成本又太高。

毛主席插话说：要进行建设，石油是不可缺少的，天上飞的，地上跑的，没有石油都转不动。现在要认真研究一下，天然石油的远景究竟如何？我们是唯物主义者，一切要从实际出发嘛，如果确实在我们的土地上缺乏天然石油资源，我们就大力发展人造石油，或是先从自己的油母页岩中加以提取。

李四光听了周总理和毛主席的这番话，就坐不住了，心情十分激动，几十年来中国是否有石油的论战，立刻浮于脑际。但他坚信：他和他的同事们所做的工作和结论是正确的。于是坚定地说道："主席、总理，我国天然石油的前景是很好的，但必须加强勘察工作。"

他敢于冲破旧有的石油理论的束缚，向"中国贫油"理论挑战，科学地分析了中国地史上的产油条件，并指出中国有丰富的石油。

1956年5月3日，周总理在国务院司局长以上干部会议上，提到了此事，他说："石油在我们工业中是最薄弱的一个环节……首先是勘探的情况不明。地质部长很乐观，对我们说，地下蕴藏量很大，很有希望。我们拥护他的意见。现在需要去做工作，所以要有一个单独的石油工业部。"

回忆过去，许多中外地质学家，对中国石油资源的远景，都抱着悲观的看法。1915年到1917年，美孚石油公司的克拉普和菲尔勒，率领一个钻井队，在陕北肤施一带，打了7口深井，花了300万美元，却毫无收获。1922年，美国斯坦福大学教授布莱克威尔德，来中国调查地质，回国后写论文说："中国东南部找到石油的可能性不大；西南部找到石油的可能性更是遥远；西北部不会成为一个重要的油田；东北地区不会有大量的石油。"从此，"中国贫油"论就流传开了。在半殖民地半封建的旧中国，"中国贫油"几乎已成定论。

有的说："吾国号称地大物博，而石油一矿，实甚贫乏，无可讳言，此固因调查钻探之丰周，然就已知事实而论，石油之储藏量不丰，似可言也。"

有的说："中国境内似无发现大规模油田，如巴库油田、波斯油田、加利福尼亚油田之希望，那么小规模之油田而论，其有希望之地带亦不甚多。"

但李四光和他的同事们，对"中国贫油"论一直持反对意见。早在1928年，他在《燃料问题》一文中指出："美孚的失败，并不能说明中国没有油田可条。中国西北方出油的希望虽然最大，然而还有许多地方并非没有希望。热河据说也有油苗，四川的大平原也值得好好研究，和四川赤盆地质上类似的地方不少，都值得作一番考察。"

1935年，李四光在英国讲学期间，又暗示在我国东部有可能找到石油。在《中国地质学》一书中指出："……如果在华北平原下部，钻探到足够的深度，似乎没有多大问题会遇到白垩纪（距今140百万—70百万年）地层，并用地震的方法去勘测时，可能会揭露有重要经济的沉积物。"（这里指的就是石油）。

李四光的同仁，著名地质学家黄汲清，早在1942年就提出："陆相生油论和多期生油论"了。李四光对陆相生油的理论极力支持和赞成，他坚决反对外国人所说的只有海相才能生油的理论。

所谓"海相"，就是在地球的远古时代，在海洋环境条件下，海水中的物质沉积在海底而形成的岩层。海相生油理论的根据是，海水中的有机物质（植物和动物和微生物）死亡后和沉积物质同时下沉海底，堆积起来，在缺氧的条件下，转为石油。

所谓"陆相"，就是在大陆上的湖泊、沼泽、河流环境下，水中的泥、沙等物质沉积在湖底，河床等地而形成岩石。黄汲清、李四光认为，在古时代的湖泊里，例如在新生代（距今70百万—0.012百万年）的松辽盆地、四川盆地、华北平原、江汉平原、柴达木盆地、塔里木盆地，都是巨大的湖泊，湖水里有机物质丰富，不少于海洋中的有机物质，它们死亡后，同其他沉积物一起沉积下来，经过厌氧细菌的作用，同样可以会成为石油，这就是陆相生油理论。

陆相生油理论是中国地质学家，根据中国的地质条件提出来的，是一种崭新的理论。用这种理论做指导，在我国松辽平原，四川盆地、塔里木盆地、柴达木盆地、华北平原等地，先后找到了一个一个的油田，为祖国的经济建设立下了汗马功劳。

为了加强矿产的普查工作，于1954年成立地质部全国矿产普查委员会，李四光兼任委员会主任，黄汲清、谢家荣、刘毅为"普委"成员。他们第一个制订出对松辽平原进行石油普查的建议和计划。在石油部门和王铁人等大庆工人的努力奋斗下，于1959年9月26日出油了，从此"中国贫油"的帽子被扔进太平洋，陆相生油理论胜利了。

由于大庆油田的发现，坐在全国人大二届一次会议（1963年11月17日至12月3日）主席台上的毛泽东主席，向石油部负责人投去一次又一次充满赞誉的目光。他尚不知道地质部科学家们的卓越贡献。对此，地质的人急了，可是又没有人敢跑到主席台，在毛泽东面前说一声："大庆油田是我们发现的。"

对这件事最着急的还是地质部党组书记，常务副部长、老红军何长工了，因为这不是他个人的事，是全地质部几十万人的名誉问题。何长工的看法和意见得到了"一班人"的赞同。于是地质部上层集体向中央写了一份报告，说明地质部科学家对大庆油田发现的贡献。在这以后，毛泽东主席和中央领导们在各种公开场合谈话时，不再只表扬石油部和石油工人了，而是多了一个李四光。

1964年元旦的下午，李四光接到毛泽东主席办公室打来的电话说："主席请李老晚上7时30分到怀仁堂一起看现代豫剧《朝阳沟》。"晚上，在开演之前，李四光到了怀仁堂休息厅。一会儿，毛主席来了，同李四光热情握手，接着就谈起石油问题。毛主席一边听李四光汇报，一边高兴地说："你们两家（指地质部和石油工业部）都有很大的功劳！"

1981年，国家科委作出对新中国成立以来科技领域的重大发明、发现成果进行表彰的决定。这是新中国历史上最大的一次评比。国家科委对"大庆油田发现过程中的地球科学工作"这一项目中，做出重大贡献的科学家们进行了表彰。他们是李四光、黄汲清、谢家荣等23人。1982年7月，国家科委举行隆重的发奖仪式，他们从党和国家领导人手中接过金光闪耀的证书和奖金。

从20世纪的50年代到70年代，根据李四光和我国其他地质学家的理论，在全国有希望的地区，都部署了石油普查工作，后来相继又在华北、华东、西北和西南找到了大、中、小型油田。自从1953年，毛泽东主席、周恩来总理找李四光谈石油工作那天起，李四光用了很大的精力投入石油地质的研究中。据不完全统计，他对石油工作的谈话记录、信件和文章，就有10多万字。

1966年11月，李四光在一份手稿中曾经这样自豪地写道："现在，可以这样说了，依靠天然石油发展我国的石油工业，是靠得住的，是大有可为的。"

1969年3月5日和11日，即是李四光逝世的前两年，他还在研究我国发展石油的十年远景问题，他留下了以下宝贵的遗言。

1.华北平原和江汉平原还值得进一步工作。在松辽—华北（包括渤海）—江汉—北部湾这个带上，我们还可以继续有所发现。

2.要突破古生代油区。四川盆地很有希望，贵州南部值得探索，塔里木盆地见油是个很大的鼓舞。

3.要迅速开展海洋地质工作。海上石油的远景在东海。

4.陕甘宁盆地是有油的。

5.青藏高原—柴达木盆地值得开发。西藏的石油很有希望。

6.茂名—雷州半岛—北部湾地区，是值得做工作的。

7.苏北地区很值得注意。这里，很可能是黄海在晚近地质时代伸进来的地区。

根据李四光的科学论断和预测，经过20多年来地质学家们的工作，已经在内陆或海洋有所突破，我国的石油开发已展现出广阔的前景。

预报地震

　　1966年3月8日早上5点钟，天刚蒙蒙亮，人们还在睡梦之中，河北省邢台地区，一次7级以上的强烈地震发生了。顿时地动山摇，房倒屋塌，道路、桥梁、堤坝以及农田建设，都遭到严重破坏，人民生命财产受到巨大损失。

　　当天下午，周恩来总理召开了救灾工作会议，李四光出席了这次会议。会上周总理向大家提出，地震给人民的生命财产造成了极大的损失，也给我们带来深刻的教训，我们能不能预报地震呢？如果可以预先知道地震发生的时间，那么就可以减少损失了。大家觉得这是个摆在科学家面前的难题，一时间会场静悄悄的，几乎是鸦雀无声。过了一会儿，有人含糊其辞地发言，中心意思是说，这个问题不大好办；有人说：地震预报目前不光是我国解决不了，就是世界上也没有解决。周总理转过身来问坐在他身边的李四光："李四光同志，你的意见呢？"

"地震是一种自然现象，它的发生是有个过程的，是可以预报的，不过还需要做大量的探求工作。"李四光说道。

"李四光同志独排众议，说地震是可以预报的，这很好，我们就是要有这个决心，有这样的志气：世界上没有解决不了的困难。我们的前人只给我们留下了地震的记载，我们就要给我们的后人留下预报的记录。"周总理高兴地说道。

会后，李四光非常激动，决心尽力去完成地震预报这个史无前例的任务。根据会议精神，他马上派了一个小队，连夜去地震灾区，并亲自交代：要根据震区的地质构造特征，查明地震发生的原因和范围，推测地震可能扩展的趋势，探索地震预报的方法。同时又打电话，请河北省地质局协助在隆尧县尧山，建立地应力实验测报点。

用测地应力的方法来预报地震，这是李四光首创的。尧山地应力站每天报来测得的数据，画出地应力值变化曲线，他仔细分析地震的发展趋势，指出："我很担心，那边很可能还要震。"果然，没有几天，3月22日邢台地区又发生了一次7.1级强震。

这次地震发生后，地震地质小队的同志，立即打电话向李四光汇报情况，说他们亲眼看见地震发生时，隆尧县南阳楼东南的一片枣林，明显地向北来回反复转变，真是千载难逢的奇异现象。李四光认为，这就给邢台地震发生时的水平旋转扭动，提供了活生生的证据。

周总理多次召开会议，分析邢台地震的发展趋势。哪怕是深夜开会，李四光每次都参加。在一次会议上，有人提出：从邢台地区小震分布和动物异常来看，近期还有可能发生一次较大的地震，并圈出了好几个县，建议发地震预报。对此，周总理让李四光发表意见。李四光打开尧山地应力变化曲线图，向总理一一作了汇报，同时又打电话询问地应力观测站，然后向总理解释说：

"邢台地区已经发生了两次强震和万多次较小的地震，根据现有资料，基岩破坏得很厉害，产生了大量的裂隙，即使再有地应力积累情况的重演，那些积累起来的应力，大部分都可能通过裂隙的活动释放能量，所以在邢台地区及其邻近属于同一构造体系的地区，再发生像3月8日和3月22日那样强烈的地震的可能性不大。当然，在华北平原还未平静之前，一系列较小的地震可能还会继续一个时期。但是，就整个华北平原来看，震源带有可能向东北方向发展的趋势。"

周总理于4月10日，召开了地震发展趋势研究会，会上李四光指出："深县、沧州、河间这些地区发生地震的可能性是不能忽视的。"果然，一年之后，即1963年3月，河间地区发生了6.3级地震，证实了他的这一推测。

4月20日，李四光虽然患有动脉瘤等疾病，但在周总理四次去邢台灾区视察的感召下，他说服了医生和夫人，经中央批准启程去邢台了。李四光下车后先到科学院的一个观测站，然后到尧山地应力站，详细观察了仪器、井位、地应力曲线变化，听取震区工作人员的汇报，共同分析两次大地震的发生原因，如何解决预报方法，地震的发展趋势等。从实际资料和现场查看，李四光认为这两次大地震都是构造地震（由地下岩层的隆起，断裂等构造运动所引起的地震），用地应力变化的观测方法，来预报这种强烈地震，看来是行得通的。

近半个世纪以来，世界上许多国家都在研究地震预报问题，但都没有得到很好的解决，我国是一个多地震的国家，长期以来也没有解决好地震预报问题。作为地质部长、中国科学院副院长，李四光觉得这个工作抓晚了，心里有些内疚，决心利用这次邢台地震的机会，把地震预报工作推进一步。

1967年初春的一天深夜，李四光接到国务院的紧急通知，要他速到国务院小礼堂去开会。当他赶到小礼堂时，已是凌晨两点钟了。周总理主持会议，气氛很紧张。原来是因最近北京附近小震活动频繁，动物不安，有人向国务院报告，说这天早晨7点，北京要发生7级强震，请求国务院批准立即向市民发出迁出屋外去住的通知。当这种意见在会上讲过之后，周总理把目光集中到李四光身上。周总理问："情况如何，真是这样紧急吗？"

此时，李四光展开地应力曲线图，拿起电话询问北京附近的地应力观测站，他们都反映说："没有什么异常。"于是李四光沉着地对周总理说道："根据邢台等地区地应力的长期观测，有大震时一般都是有变化的……看来，今晚不一定要发警报，当然要密切注意观察。"

周总理听后，觉得很有道理，同意不发警报。但是，周总理、李四光和其他科学工作者，通宵达旦地监视着，一直等到平静黎明的来临。当红日从地平线上冉冉升起后，才缓了一口气。实践又一次证明李四光利用地应力的分析是正确的。

1969年7月18日，渤海发生地震以后，周总理在国务院会议厅召集中科院、地质部等有关部门负责人会议，周总理就地震工作体制和统一领导问题讲话，他宣布了中央关于成立地震工作领导小组的决定，由李四光担任组长。这年他已是80岁高龄的人了，还经常到房山、延庆、密云、三河等地，亲自调查地质现象，视察地震地质工作。

对于利用地应力这个方法来预报地震，有些人持反对态度。李四光同他的同事们一起，用实际行动来说服教育那些人。1967年冬天，他们到房山地区作了"地应力解除"的实验。那天，天很冷，风又大，吹得电线杆子呜呜直叫，李四光从工人手中接过手柄，为了感觉更灵敏，他摘掉棉手套，握住冰冷的铁手柄，一直到实验结束，解除应力的实验成功了，他才放下手柄，脸上露出兴奋的微笑。实验证明地应力是确实存在的，毋庸置疑。

1970年1月4日，云南通海地区发生了7.7级强烈地震，人民的生命财产遭受巨大损失。李四光得知后非常痛心。本来他早就发觉这里可能发生地震，早已布置地质力学研究所和西南地震队前去那里开展工作，可是直到1970

年初才进通海，这时地震已经发生了。他认识到这是一种严重失职，所以他在这年1月份召开的全国地震工作会议上作了检讨，他说："我代表地质工作者，对云南地震造成的损失表示痛心……"

1971年4月27日，即李四光去世的前一天，他还对医生恳切地说："只要再给我半年的时间，地震预报的探索工作，就会看到结果的。"这天，李四光和秘书，就地震问题整整讨论了半天，当秘书离开医院时，还让他第二天带一份全国地图到医院来，还有一些工作要安排。这天晚上，他躺在床上对女儿李林说："地热工作我比较放心，它已经被人们重视起来了。我不放心的是地震预报。外国人的路子是走不通的，但是我的观点还没有被人们采纳。还不知道有没有时间让我和同志们一起去征服地震这个地下的'敌人'。"

第二天，即1971年4月28日早晨，李四光的动脉瘤破裂，与世长辞了。

1973年，根据周总理的指示，把李四光的遗留资料整理出来，他的《关于地震地质工作的意见》书稿已经整理完毕，人们可以从中获得宝贵的地震预报的知识。也可以看出，李四光一生对地震工作所付出的巨大努力。

打开地下热库

在李四光看来，打开地下热库，同开采煤和石油，有着同等重要的意义。因为地热是可供人类利用的一种新能源。他经常告诉人们，"地球是一个庞大的热库，有源源不绝的热源。"他曾经为毛泽东主席编写了7本科普读物，其中就专门写到地热问题，他写道：

"从钻探和开采的经验看来，越到地下的深处，温度确实越来越高。……在亚洲大致40米上下增加1℃（我国大庆20米，房山50米），在欧洲绝大多数地区是28—36米增加1℃，在北美绝大多数地区为40—50米增加1℃。假如，我们假定每深100米地温增加3℃，那么只要往下走40

千米，地下温度就可以到1 200℃。"

有人计算过，假若把地球上储存的煤燃烧时放出的热量当做100的话，那么地球上储存的石油只有煤的3%，核燃料才为煤的15%，而地热则能为煤的1.7亿倍！李四光看到了这个惊人的数字。他大声疾呼："我们现在不注意对地下储存的庞大热能加以利用，而把地球表层给我们留下来的珍贵遗产，像煤炭这样大量由丰富多彩的物质集中构成的原料，不分青红皂白，一概当成燃料烧掉，这是无可弥补的损失。"

1970年9月，李四光在武汉听说沙市南面打油井的时候，从3 000米深处，突然喷出来一股热水，温度高达100℃多，一直喷了几天才停息下来，把周围的水稻、池塘里的鱼都烫死了。后来经过对热水的化验才知道，这是一种高温高压的卤水。含有很多伴生元素，如碘、钾、溴、铷等，可提取碘和熬盐。李四光听了很高兴，当他回到北京后，立即派人去作调查。

1970年下半年，到沙市去考察地热的地质科学院地热组的同志们回到北京，向李四光汇报了那里的地热情况。听完汇报后，他准备利用地热的调查便展现出来了。

"我想，第一步还是搞水、气分离装置。热水有这么高的温度，热气达到400多个大气压。我们普通锅炉烧许多煤才只有200个大气压，而现在送到我们门口，我们还不利用？我在想，如果把它放到一个大罐子里，把水、气分开，热气直接送到发电机中，就可以发电，这就是天然汽轮发电机嘛！第二步是分选问题，剩下的卤水，把其中的元素分开，比如碘、锶、铷。这样，出来的盐就是纯盐了，老百姓吃也无杂质了。"

"如果热水、热气从地下喷出时，我们把这套盖上去，像笼子笼鸟似的。这样就创造了一套新型的社会主义国家开发地下热库的综合利用方法。"

李四光开发地热的设想为人们打开了眼界，指出了一个美好的前景。其实，关于地热的开发他在20世纪50年代就有所考察了。从1958年开始，按他的意见，在地质力学研究所就开展了地热学的研究。他还亲自推荐年轻的学者去原苏联学习地热学，并同原苏联地热学家联系，希望他们提供地热研究工作的经验。李四光在给留比莫娃的一封信中说："地热学是一门新的科学，它的范围很广。我很同意您让王庆棣（留学生）在时间许可的范围内学习一些基本理论，同时也学习一些实验方法，包括使用精密仪器的各项操作。"

1970年10月27日，李四光在天津参观时河北宾馆利用地热的事迹给他留下了深刻的印象。这里他们打了一口52℃的热水井，把热水直接用到浴池和暖气供热上，效果很好。第二天，他又参观了鸭厂，这里的一口热水井，水温49℃，把它用来养鸭，地热孵化，也用在烫鸭煺毛上，效果也很好。过去工人们长期在脏的热水里作业，手腕溃烂，成为一种职业病。自从引进地下热水后，因为水中含有微量的硼元素，职业病也治好了，一时鸭厂成了这种职业病的"医院"。天津第二纺织厂利用地下热水洗呢、染呢；国棉四厂利用地下热水进行冬季空气温度调节，市郊也有的单位利用地热水修建温室，栽种冬季蔬菜。

在天津考察完地下热水的利用之后，回到北京，李四光曾对他的女儿说："要是把地热充分利用起来，我们可以节省多少燃料！可以给人民的生活造很大的福……天津、沙市方面已经做出了不少成绩，但还只不过是开端，是星星之火。"

李四光领导了全国地热资源的勘探开发工作，经过长期的努力，全国地热的开发利用已经有了可喜的开端。据不完全统计，全国已有温泉1 000处以上，还有大量的隐藏在地下没有揭露出来。广东、福建、云南等省出露最多，仅广东省就有温泉200多处。台湾、西藏发现了高于100℃的喷泉，广东、福建、湖南等地发现了温度90℃以上的地热水。

李四光曾多次指出："地球是一个庞大无比的热库，地下热水是取之不尽的。何况，目前是用地下热水，我设想将来可以用干热，不一定用水。因为高温向低温流，就可以引出来用嘛。没水，没气，热就看不见。但这是客观存在的，就像地应力是客观存在一样。我想，将来是会发现这种方法的。所以，如能打开地下热库的大门，不只为我国开辟新路，对世界也是开辟了新路啊！"

李四光在晚年，还这么关心地热的开发与利用，这在他的学术思想上是一贯的，而不是偶然的。因为这是一门新兴的学问，早在20世纪30年代，李四光在英国伯明翰大学毕业后，就到法国巴黎留学。在勤工俭学会演讲时，他讲到能源的前途，特别注意到当时尚未开发的，蕴藏于"地中的热"，是可供人类利用的一种新能源，也是地质工作的一个新领域。

"一定要打开这个庞大无比的热库，让它为人民所利用。"这是李四光的遗愿，而今正在全国范围内开花，相信不久的将来，会结出丰硕的果实。

鞠躬尽瘁

　　1965年2月19日，北京医院在对李四光作常规身体检查时，意外地发现，他的左下腹有一搏动性肿块。北京医院为进一步确诊，邀请了20世纪30年代在重庆就给李四光治病的张孝骞大夫，这也是他一生最尊重的大夫，还有北京其他几位著名大夫会诊，结果确定为左髂骨总动脉瘤。

　　李四光坚决不同意动手术，他说："我不愿意动这样的手术。即使手术成功了，我可以多活几年，但如果变成了残废，不能为人民工作，成了人民的累赘，那我宁可少活几年，趁现在抓紧时间多做些工作。"

　　医生们请示了周总理、国务院，决定采取保守疗法。

国务院决定减少李四光的工作、会议和外事活动，非特别需要并经过周总理同意的，可以不参加任何活动。周总理还特意请夫人邓颖超几次前来探望。可是，李四光还是坚持工作，甚至亲自去野外指导，去地震灾区视察。

　　周总理知道李四光过于劳累，很不放心，特地派了联络员到家里去，一定要他去北京医院检查一下身体。北京医院很重视，特地邀请上海、南京和在北京的13位名医会诊。当周总理看了会诊报告后，知道李四光的健康状况很不好，并立即作了批示，派联络员到地质部传达指示。李富春副总理也亲自写了指示，要地质部两派不要去找李四光，以保证他的休息。周总理还让邓大姐亲自去探望李四光，转告总理的亲切慰问。

　　病重的李四光，仍然夜以继日地工作。此间他的主要精力集中在地震的预报、浅海石油及地热的研究方面。

　　1968年12月5日，周总理在一次会议上，对地质部参加会议的代表讲："李四光同志是一面旗帜，是辛亥革命的老同志，入党晚了一些（1958年12月28日经地质部党组书记、老红军何长工，中科院党组书记张劲夫介绍加入中国共产党），政治上不是动动摇摇的。对社会主义建设作出了很大贡献，你们要学习他。"

1969年4月，李四光出席中国共产党第9次全国代表大会，并被选为第9届中央委员会委员。5月19日，毛泽东主席接见在京参加学习班的一万名代表时，在北京的中央委员也参加了接见。毛主席看到在主席台上的李四光，就亲切地叫"李四老"，并拉着他的手说话。主席便伏在李四光的耳边，问他的身体好不好，工作怎么样，并拉着李四光去接见那些到会的同志，接着两人离开了主席台，来到休息室，谈话达一个多小时。

毛泽东主席同李四光从天体起源、地球起源，谈到了生命的起源。毛主席对李四光说："很想看看你写的书，希望能找几本给我。"还请李四光帮他收集一些国内外的科学资料。毛主席谦逊地说，我不懂英文，最好是中文的资料，或者中文的书籍。

第二天，李四光挑选了《地质力学概论》，《地质工作者在科学战线上做一些什么》，还有章鸿钊老先生写的《石雅》，送给毛泽东主席参阅。然后又立即着手收集有关的科学资料。1970年3月，李四光用不到一年时间，为毛泽东主席阅读而编写了《天文、地质、古生物资料摘要（初稿）》，全书约15万字，书中附有60多幅照片和插图。全书力求从前人积累的科学知识中，摄取精华，系统而又简练地把它表达出来。

从1965年发现动脉瘤以来，直到1971年的6年期间，李四光知道自己剩下的时间不多了，于是克服病痛，与疾病作斗争，为科学事业作最后的拼搏。在他生命的最后时刻，正是林彪、"四人帮"横行的日子，他的工作受到冲击和干扰。但他仍然坚持领导工作和科研工作。临到去世的前几天，还在同石油战线、第二海洋石油地质考察队的负责人，谈渤海地质构造与找油的关系。

1971年4月24日，李四光的体温突然上升到38℃。28日下午，北京医院请来阜外医院的心血管专家会诊，李四光对大夫说："请你们坦率地告诉我，究竟我还有多少时间，让我好安排一下工作……"

他还让秘书把全国地图带到医院去……

这位卓越的科学家于1971年4月29日11时，与世长辞了，终年82岁。

5月2日下午，李四光遗体的告别仪式在北京八宝山举行，由郭沫若院长主持，周恩来总理致悼词。告别仪式之后，周总理告诉大家："你们一定要继承李四光同志的工作！"1973年总理又指示："一定要把李四光的遗著整理出来。"

世界五千年科技故事丛书